U0794065

见识城邦

更新知识地图　拓展认知边界

规则的悖论

想象背后的技术、愚笨与权力诱惑

The Utopia of Rules

On Technology, Stupidity, and the Secret Joys of Bureaucracy

[美] 大卫·格雷伯 _ 著
David Graeber
倪谦谦 _ 译

中信出版集团 | 北京

图书在版编目（CIP）数据

规则的悖论：想象背后的技术、愚笨与权力诱惑 /（美）大卫·格雷伯著；倪谦谦译．-- 北京：中信出版社，2023.4（2025.4重印）

书名原文：The Utopia of Rules: On Technology, Stupidity, and the Secret Joys of Bureaucracy

ISBN 978-7-5217-4981-6

I. ①规… II. ①大… ②倪… III. ①乌托邦－研究 IV. ① D091.6

中国版本图书馆 CIP 数据核字（2022）第 232251 号

规则的悖论：想象背后的技术、愚笨与权力诱惑
著者：［美］大卫·格雷伯
译者：倪谦谦
出版发行：中信出版集团股份有限公司
（北京市朝阳区东三环北路 27 号嘉铭中心 邮编 100020）
承印者：北京通州皇家印刷厂

开本：787mm×1092mm 1/16　印张：16　字数：169 千字
版次：2023 年 4 月第 1 版　印次：2025 年 4 月第 7 次印刷
京权图字：01–2022–5640　书号：ISBN 978–7–5217–4981–6
定价：65.00 元

序

官僚制的愚蠢、快乐与权力

在经典著作《权力：一种激进的观点》中，社会学家史蒂文·卢克斯区分了权力的三重维度。其中，第一维权力就是做出决策的权力，也就是马克斯·韦伯所说的将自己的意愿强加于别人之上的能力，我们可以从决策制定过程中找到真正的大权在握者；第二维权力是设定议程的权力，这种权力让掌权者有能力使某些选项根本不被提上议程；第三维权力则是最隐秘、最“高级”的权力，因为它是塑造他人意愿和想法的权力，是让他人接受甚至喜好有损其自身利益之物的权力，也就是意识形态权力。在《规则的悖论：想象背后的技术、愚笨与权力诱惑》中，左翼无政府主义者大卫·格雷伯为我们揭示的就是后两个维度的权力，也就是官僚制如何在我们每个人的生活中无孔不入，不仅令我们无处遁形，无法想象其他可能，甚至还让我们发自内心地赞美它。

我们当然不是没有怨言。所有人，大到买房子，小到给电动车上牌照，都希望少往政府机构跑几趟，都希望流程能更简单一些。作为大学老师，我最烦心甚至恐惧的不是科研，更不是教学，而是报销流程。事实上，对官僚制的反思是社会学这门学科自成形之日起就不可或缺的重要关怀。且不说奥古斯特·孔德和赫伯特·斯宾塞的零星观察，也不说埃米尔·涂尔干有关“契约中的非契约元素”的洞见，仅仅是马克思和韦伯对官僚制的分析，就足以跻身人类思想史上最耀眼的星光。到20世纪中叶，对官僚制的系统思考进一步影响到经济学、政治学和公共管理等学科，催生了公共选择、街头官僚等一大批影响深远的理论。但从70年代开始，社会科学和人文领域的学者忽然对官僚制失去了兴趣。它似乎成为学术研究的给定前提，而不再是催生灵感的矿藏。

对官僚制兴趣的消退在现实政治中体现得更为明显、更为深刻。格雷伯在导论中谈到了西方社会的“政治灾难”，我读到此处不禁击节称叹，因为这正是我在美国多年的观察和感受。无论意识形态光谱如何，人们都不会否认，对官僚制的反抗是左翼思潮萌芽的动力与关怀，20世纪60年代席卷西方的民权运动既是左翼运动，也是对官僚制的反抗，体现了人们对日渐加深的社会控制的担忧。但随着新自由主义的渗透，西方社会传统的福利体制不复存在，“反官僚”悄然成为右派话语，并成为其推销市场模式的利器；反之，左派在一定程度上成为既有社会秩序的维护者，他们强调渐进改革，强调国家的调控，强调将市场机制纳入官僚制本身的框架。为什么是灾难？因为左派失去了批判性。在激进左派被主流社会视为异端邪说，温和左派以资本主义拯救官僚制（或以官僚主义拯救资本主义）的做法屡屡成为二者最坏元素杂糅的情况下，曾经和精英主义画上等号的右翼立场转身为平民代言。这正是民粹主义在今日之全球泛滥的根源和缩影。

再来看右派对官僚制的批判。作为启蒙运动的延续，法国大革命之后的欧洲自由主义将官僚制在内的国家与政府视为“封建余孽”，认为基于个人主义的人的自由联合才是历史发展的大势所趋。问题在于，官僚制并没有随着资本主义的发展而退出历史舞台，反而日渐枝繁叶茂。到了20世纪，以路德维希·冯·米塞斯为代表的奥地利学派、以詹姆斯·M.布坎南为代表的公共选择学派以及以米尔顿·弗里德曼为代表的芝加哥学派直接将官僚制视为民主之危险的体现，或曰“善意之暴政”的写照。然而，历史上实际存在的市场制度往往是政府主导的产物，而旨在破除官僚制的繁文缛节的政策通常会以官僚制的进一步膨胀而告终，这正是格雷伯所说的“自由主义铁律”。以“放松管制”为例，格雷伯犀利地指出，人们随心所欲地使用这个词，却从未说清楚它到底是什么意思。就银行而言，造币权不可能交给个人或私有企业，因此总是成为掌权的少数金融集团控制市场的话语利器；也就是说，最后总是沦落为公共权力和私人权力合而为一，公共财物被大肆掠夺。这就是格雷伯所说的“全方位官僚化”。

发生了什么？官僚制是如何成为我们习以为常甚至不可或缺的生活中的一部分的？为官僚制所困的学者为什么不再谈论官僚制？格雷伯给出了饱含洞见的社会学解读。

首先，随着美联储在1971年放弃美元金本位，美国社会开始走上资本金融化之路，这使得大公司高层管理人员与工人的松散利益共同体关系解体，公司高层投身于大股东，最终导致投资者和管理者的结盟，信奉左翼理念的管理精英成为官僚体系的一部分，与工人阶级渐行渐远。资本主义的金融化影响深远，因为官僚制全面渗透政治、科学、教育、文化等各个领域——“文凭化”就是官僚制入侵的典型体现。

其次，官僚制成为一种“规则的乌托邦”。韦伯虽然对官僚制的“理性铁笼”痛心疾首，却也对官僚制对于规则或曰“程序正义”取代“人治”而欢欣鼓舞，认为这种“贤能政治”是社会进步的体现。格雷伯无情地戳破了这种假象。我们谁都知道，规则有空可钻，规则是让人觉得这个社会很公平的假象，规则时常沦为特权者暗度陈仓或堂而皇之大肆掠夺的工具。

再次，我们日常生活中的“愚蠢”的社会情境建立在结构性暴力之上。格雷伯说的暴力并非隐喻，而是实实在在的对他人的身体伤害。虽然我们多数人自认为“岁月静好”，不担心他人对自己的身体侵犯，但这正是因为我们屈服于自身所处的结构性安排。一旦越轨，一旦我们向这个结构提出挑战，暴力的威胁立刻不请自来。一个例子是性别暴力——格雷伯正确地指出，一旦女性向主流性别规范发起挑战，性侵犯的发生率立刻急剧攀升。种族、教育、意识形态同样如此。换言之，没有字面意义上的暴力为隐含前提，符号暴力就不可能存在。进一步地，暴力是一种（而且可能是唯一一种）无须沟通便可产生社会影响的人类行为。沟通意味着双方关系的相对平等，而真正的不平等是无须沟通的，或者说唯一的沟通形式就是铁拳。无论是亲友相处还是两国关系，关系的维系都需要“阐释性劳动”，也就是站在对方的立场上看问题，而简单粗暴的身体伤害可以跳过这一切。再进一步地，结构性暴力产生了一种不对等的想象或阐释结构，其中被统治者需要小心翼翼地揣摩他所处的社会场景，尤其是掌权者的心态，而掌权者完全无须考虑被统治者如何想。也就是说，阐释性劳动基本只属于无权者。所以，我们日常生活中感受到的官僚制的“愚蠢”其实根源于结构性暴力。

第四，技术并不是价值无涉的，技术进步的方向和速度往往取决于社会因素。我们常说这是一个技术日新月异的时代。确实，我在读大学时从未想到纸质书的生存如今都成了问题。但如果我们回到20世纪70年代末80年代初，回到戴红领巾的我们展望21世纪的年代，回到《星球大战》刚刚上映的年代，我们会发现技术革新的速度并没有那么快。格雷伯给出的答案是，从20世纪五六十年代开始，针对生产过程本身的技术革新步伐就已大大放缓，资本转而流向意在强化社会控制的技术。这正是新自由主义的威力：它将政治诉求凌驾于经济诉求之上。换言之，资本主义致力于让自己看起来是唯一可行的选项，而不是实际上带来最优经济后果的选项。可是，那些资本大量涌入的科技领域同样没有取得预期的突破，这又是怎么回事？格雷伯认为，真正的问题在于权力主导的官僚制早已渗透大学、研究所和企业，使得研发的目的在于快速市场化，快速获得利润，而非独创性研究。大学老师被迫将大量时间耗费在填表、写项目书和相互推销上，体现的正是官僚制的威力。不仅是理工科，文科同样如此。格雷伯感叹道，这个时代再也没法出现第二个米歇尔·福柯了。确实如此，哪怕在五六十年代，社会学家的典型形象仍是出没于市井之间、不修边幅的怪人；时至今日，典型的社会学家成了坐在电脑前写课题申请书或项目预算、手下有一群年轻人为其打工的“团队老板”。

最后，官僚制已经彻底俘获了我们，因为它最吸引人之处正在于它的韬曜含光：它让一切看起来那么井井有条，那么容易预测，那么合情合理。毕竟，社会结构最厉害的地方是它让我们每一个人忘了自己是能动者，忘了这个社会秩序正是由我们自己所创造的。官僚制让我们乐此不疲地“做游戏”，研究游戏规则，不惜头破血流以成为游戏的胜利者，却不给我们“玩”的机会，甚至让我们对“玩”心生恐惧。

那我们又能怎样？投身于格雷伯所倡导的全球正义运动？那是另一个大的议题了。但在这本书中，格雷伯已经为我们做得够多。如果你已经意识到了某些东西的愚蠢，那就认真思考一下它为什么如此愚蠢吧。正如格雷伯在书中所引的一段宣言：“为了获得自由，我们必须在既存现实的外壳上凿出窟窿，锻造新的现实，而它也将反过来塑造我们。不断置身于新的情境之中，唯有如此才能确保你在做决定时摆脱习惯、习俗、法律或偏见的惯性——而这些情境要靠你去创造。”

李钧鹏

华中师范大学社会学院教授

《国际社会学评论》（*International Sociology Reviews*）主编

2022 年 10 月 31 日

目录

导　论

自由主义铁律与全方位官僚化的时代

今时今日，官僚制*已经没什么人提了。可回望20世纪中叶，尤其是60年代末和70年代初，这个词随处可见。社会学大部头著作纷纷顶着宏大的标题出现，诸如《官僚制概论》（*A General Theory of Bureaucracy*）[1]、《官僚制的政治》（*The Politics of Bureaucracy*）[2]，乃至《世界的官僚化》（*The Bureaucratization of the World*）[3]，另有一些短小精悍的论著广为流传，比如《帕金森定律》（*Parkinson's Law*）[4]、《彼得原理》（*The Peter Principle*）[5]或《如何惹恼官僚》（*Bureaucrats: How to Annoy Them*）[6]。卡夫卡式的小说和讽刺电影层出不穷。似乎人人都发觉现代生活方式的一大特征就是官僚生活和官僚手续的流弊与荒谬，而这极富探讨价值。但自70年代以降，相关热度出现了不寻常的衰减。

---

*　官僚制又译科层制，本书中统一作官僚制。——译者注

下图勾勒出了过去一个半世纪里“官僚制”一词在英文著作中的出现频率。及至“二战”，这一话题还不温不火，而从 20 世纪 50 年代开始，对它的讨论度飙升，并于 1973 年达到巅峰，随后缓慢却决绝地降了下去。

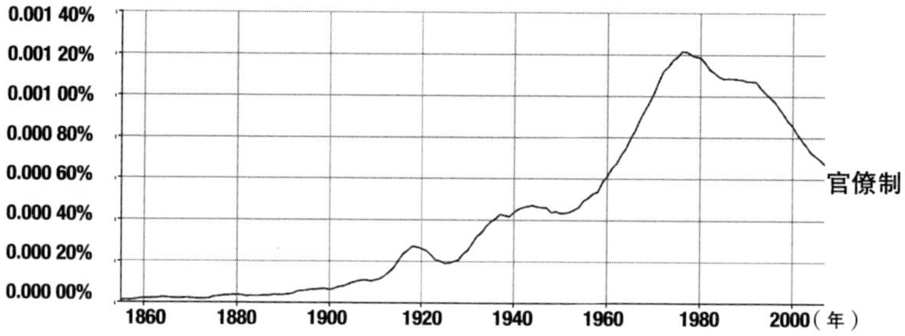

为什么呢？一个明摆着的原因是我们已经习以为常了。官僚制成了我们每日呼吸的空气。现在，让我们想象另一张图，假定它能反映一个典型的美国人——抑或一个英国人，或一个泰国人——平均每年耗费多长时间用于填表或履行其他纯官僚性的事务。（不用说，这些事务中的绝大多数已不再涉及实打实的纸质文书了。）这张图大抵会呈现出与第一张图相似的曲线——一路爬升至 1973 年。不过自此，两条曲线将分道扬镳：这一条曲线并不会回落，而是会继续上升，甚至陡峭攀升；对应的是 20 世纪后期，中产阶级公民耗费了空前的时间去摆平各种联络电话和网络界面，更倒霉的情况下还得花更多时间越过层层加码的环节，以获取日益缩水的社会服务。

我估计这张图差不多是这样的：

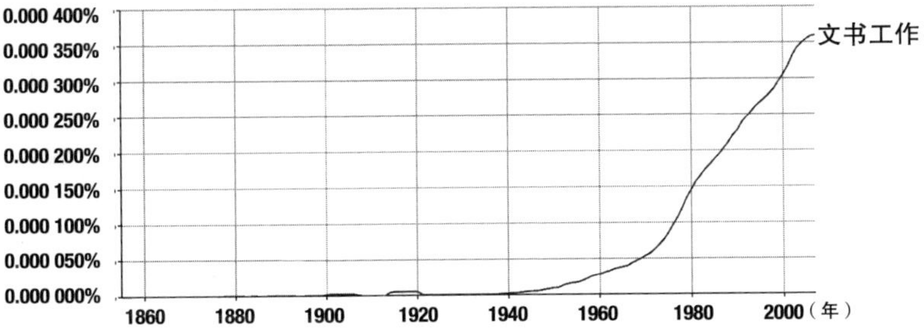

此图反映的不是耗在文书工作上的时间，而只是“paperwork”（文书工作）一词在英文著作中的出现频率。但由于没有时间机器可供开展更直观的调研，这是我们能得出的最近似的结果了。

顺便一提，与文书工作最类似的术语给出了几乎一模一样的结果：

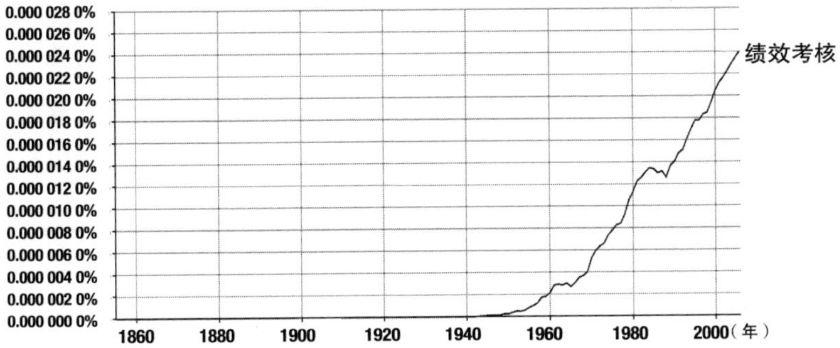

本书中收录的文章多少都在探讨这一差异。我们不再愿意去思考官僚制了，哪怕它从方方面面影响着我们的生存。仿佛整个行星文明都决定自欺欺人，在这个话题出现时充耳不闻。好不容易愿意谈谈它，用的还是 20 世纪 60 年代和 70 年代初盛行的术语。60 年代的社会运动总体上受了左翼思潮的启发，但同时也有对官僚制的反抗；或者更准确地说，是在反抗官僚化思维定式，反抗战后福利国家的那种荼毒人心的循规蹈矩。不论是在国家资本主义政权还是国家社会主义政权的公职人员面前，60年代的反叛者都力争个性的表达和自发的互助，反对一切形式的社会控制（“谁需要规章制度啊？”）。

随着旧式福利国家的崩溃，这一切似乎成了历史。强调用“市场对策”解决一切社会问题的右派，运用起了反官僚的个人主义话语，变得越发激进，而主流左派的斗争越来越沦为某种防御行为，竭力要挽救旧式福利国家的残余力量：本着提高政府工作“效率”的目的，它默许甚至带头尝试将部分服务私有化，并将越来越多的“市场原则”、“市场激励”和基于市场的“问责程序”纳入官僚制本身的框架。

这招致了一场政治灾难。确实找不到更贴切的词来概括它了。对于任何社会问题，“温和”左派给出的对策总会成为最烂的官僚主义元素和最烂的资本主义元素惨不忍睹的大杂烩。（而激进左派的对策如今几乎找不到立锥之地。）简直像是有人刻意创造了一种最不讨喜的政治立场。居然有人考虑投票给推行这种玩意儿的政党，这简直是左派理念真正持久性的明证：毕竟，这样投票铁定不是因为赞同政策本身，而只是因为自认属于中左阵营的人根本没有别的政策可推。

所以每逢社会危机，都是右派而非左派成为公众发泄怒火的阵地，这又有什么好奇怪的呢？

右派好歹有一套对官僚制的批判；谈不上多好，但至少是有的。左派压根儿没有。如此一来，当自认属于左派的人对官僚制确有不满时，通常只能采用一种打折版的右派批判理论。[7]

这套右派批判理论不难拆解。它的源头是19世纪的自由主义。[8]法国大革命之后，欧洲中产阶级圈子里出现了一种论调，即文明世界正在经历一场渐进的、不平衡的但在所难免的转型，人们将脱离军事精英的主宰，包括他们的威权政府、宗教教条和等级区隔，转向自由、平等和开明的商业自利。中世纪的商人阶层像白蚁一样从根上侵蚀了封建旧秩序——白蚁，没错，不过是好的那种。在自由主义版本的历史叙事中，随着盛极一时的绝对主义国家被推翻，苟延残喘的旧秩序将告终，国家将让位于市场，宗教将让位于科学，固化的阶层和侯爵、男爵夫人之类的身份将让位于个体间的自由契约。

现代官僚制的出现对这套叙事而言构成了某种问题，因为它格格不入。按理说，那群坐办公室的老古板连同他们精心设计的指挥链，本该只是些封建残余，很快就会步军队和军官团的后尘，像人们期待中的那样逐渐变得无足轻重。随便翻开一本19世纪末的俄国小说：所有旧贵族的后人——其实基本就是书中的全部角色——都变成了军官或公务员（没见有谁从事其他工种），军队和文官集团有着几近相同的职级、头衔和做派。可这里明显有个问题。如果官僚只是封建残余，为何他们在世界各地的数量逐年递增，不仅是在俄国这样的老顽固国家，连在英格兰和德意志这样蓬勃发展的工业社会中也是如此？

这套论述的第二层在于，官僚制本质上是民主项目的一个固有缺陷。[9]它的头号鼓吹者是流亡的奥地利贵族路德维希·冯·米塞斯（Ludwig von Mises），他在1944年的著作《官僚体制》（*Bureaucracy*）中称，从组织信息的效率上看，政府管理系统照理说永远比不上非人格化的市场定价机制。然而，扩大投票权为经济博弈中的输家赋了权，他们势必呼吁政府干预，而这种干预被包装成试图通过行政手段解决社会问题的高尚规划。冯·米塞斯也承认，许多人完全本着好意在支持这种对策，可他们的努力只会适得其反。事实上，他认为这些人最终将摧毁民主自身的政治基础，因为社会项目的管理者不可避免会形成权力集团，其影响力远大于民选的政府执政者，并支持日益激进的改革。冯·米塞斯认为，当时在法国或英国（更别说丹麦或瑞典了）等地出现的社会福利国家，势必在一两代人的时间内导向法西斯主义。

照此来看，官僚制的崛起是好心办坏事的终极写照。对此，罗纳德·里根那句著名的论断可能给出了最直击人心的通俗解读："英语里最可怕的九个词莫过于：'I'm from the government and I'm here to help'（我是政府派来帮忙的）。"

问题是这些与实际发生的事情几乎不相干。首先，从历史上看，市场并不是作为独立且对立于国家当局的自治的自由领域而出现的。情况恰好相反。历史上的市场通常要么是政府行动（尤其是军事行动）的副产品，要么是由政府政策直接创造出来的。至少自发明货币以来就是如此，它最初是作为供给士兵的手段被创造和颁布的；在亚欧历史上的大部分时间里，普通人采用的是非正式的信贷安排和诸如金、银、铜这样的实物货币，它们成就的非人格化市场主要还是服务于动员大军、洗劫城市、索取贡品和处置战利品。现代中央银行体系起初同样也是为战争融资而创建的。这便是传统历史存在的第一个问题。还有一个戏剧化的问题。认为市场在某种程度上对立且独立于政府的观点至少始于 19 世纪，它被用于捍卫旨在削弱政府角色的自由放任的经济政策，但实际上这些政策从未产生这种效果。例如，英国的自由主义并没有削弱国家官僚制，结果恰恰相反：法律办事员、登记员、稽查员、公证员和警员的队伍不断壮大，是他们成就了自由主义梦想中的那个自治个体间自由缔结契约的世界。事实证明，维持自由市场经济所需的文书工作比路易十四式绝对君主政体多出一千倍。

旨在减少政府干预经济的政策到头来实际产生了更多的法规、更多的官僚和更多的警察，这个明显的悖论司空见惯，以至于我觉得我们有理由视其为某种普遍的社会学定律。我提议将它命名为“自由主义铁律”：

> **自由主义铁律**表明，任何市场改革、任何旨在削减繁文缛节和促进市场力量的政府举措，最终都会增加规章制度总量、文书工作总量和政府官僚总量。

法国社会学家埃米尔·涂尔干（Emile Durkheim）在 20 世纪伊始就观察到了这一趋势，[10] 而它逐渐变得不容忽视。到了 20 世纪中叶，就连冯·米塞斯这样的右翼批评家也承认，至少在学术作品中承认，市场并不会真的自我调节，任何市场系统的运作都仰赖一支管理者大军。（对冯·米塞斯来说，仅当被用于篡改严重损害穷人利益的市场结果时，这支大军才构成问题。）[11] 尽管如此，右翼民粹主义者很快意识到，无论现实如何，拿官僚当靶子几乎总是收效甚佳。因此，他们在公开声明中毫不留情地抨击靠勤劳公民的税收养活的“自命不凡的官僚”(pointy-headed bureaucrats),该标签是由美国州长乔治·华莱士(George Wallace)在1968年总统竞选时首次提出的。

华莱士是这里的关键人物。如今在美国人的印象中，他的形象主要是个失败的反动分子，甚至是个咆哮的疯子：手持斧头站在公立学校门口的最后一个南方种族隔离主义顽固分子。但考虑到他在更广范围内留下的遗产，他也可算作某种政治天才。毕竟，他是第一个为某种右翼民粹主义搭建了全国性平台的政治家，而这种民粹主义迅速展现出极强的感染力，以至于在一代人之后的今天，它几乎已被整个政治光谱上的人都接受了。结果如今，工薪阶层美国人眼中的政府通常由两种人组成：“政客”，他们是口出狂言的大骗子，但至少偶尔能被投下台；以及“官僚”，他们是高高在上的精英主义者，几乎不可能被根除。人们认为，在所谓的穷人寄生虫（在美国式描述中通常公然带有种族主义色彩）和同为寄生虫的自命不凡的官员之间存在一种心照不宣的同盟，后者的存在靠的就是拿别人的钱来补贴穷人。另一边，就连主流左派——或者现在应该算作左派的人——也开始输出这套右翼话语的淡化版本。以比尔·克林顿为例，他整个职业生涯的大部分时间都在抨击公务员，以至于在俄克拉何马城爆炸案*之后，他大受触动，提请美国人注意人民公仆本身也是一个个鲜活的人，并承

* 发生于1995年4月19日，是一起针对美国俄克拉何马城市中心艾尔弗雷德·P.默拉联邦大楼发起的恐怖主义炸弹袭击。该起爆炸案是“9·11”事件前美国本土遭受的最严重的恐怖袭击事件，共导致168人死亡，另有超过680人受伤。——译者注

诺永不再使用“官僚”一词。[12]

在当代美国的民粹主义中，对于“官僚”只有一个替代方案，那就是“市场”，这一点在世界其他地区也越发得到认可。有时这意指政府运营应该更接近企业的样子。有时这意指我们应该把官僚们一脚踢开，让一切顺其自然，也就是让人们自由操持生计，挣脱强加于其上的无数条条框框，让市场调控的魔力发挥作用。

于是“民主”开始染上市场的意味；而“官僚”与之相反，意味着政府对市场的干预；这般含义可以说一直延续到了今天。

* * *

但事情并非从来如此。19 世纪末现代公司的崛起在当时被视作现代化官僚技术在私营部门的应用。人们认为这等技术在大规模经营中不可或缺，因其比主导小型家族企业的人脉或非正式关系网更高效。此类新兴的私人官僚制的先驱是美国和德国。根据德国社会学家马克斯·韦伯的观察，同时代的美国人尤其倾向于将公共和私人的官僚制度视为一律：

> 在一个机构中工作的全体官员，加上各自的物质装备和档案，便构成了一个官署（在私人企业中常常叫作“会计室”）……
>
> 现代企业家的独特之处就在于，他的作为犹如他的企业中的“首席官员”，而现代特有的官僚国家的统治者也是以同样的方式自称国家的“第一仆人”。国家官署的活动在性质上根本不同

于私人机构的管理，这种观念是大陆欧洲人的见解，相比之下，美国人对此是完全陌生的。[13]

换句话说，在 19 世纪与 20 世纪之交，美国人并没有抱怨说政府应该多像企业那样运作，而是直接假定政府与企业——或至少是大型企业——就是以同样的方式运作的。

诚然，在 19 世纪的大部分时间里，美国大体上是一个由小型家族企业和大规模金融交易机构（high finance）组成的经济体，很像当时的英国。但美国在 19 世纪末强势登上世界舞台，对应了一种独特的美国模式的崛起：公司—官僚—资本主义。乔瓦尼·阿里吉（Giovanni Arrighi）指出，一种类似的公司模式也出现在了同时期的德国，而美德两国在接下来的 20 世纪上半叶竞相从衰落的大英帝国那里接班，建立各自畅想的全球政治经济秩序。胜负结果我们都知道了。阿里吉在此提出了另一个有趣的观点。大英帝国严格贯彻其自由市场言论，1846 年通过废除著名的《谷物法》议案取消了自己的关税保护；德国和美国政权则与之不同，对自由贸易始终不太感兴趣。尤其是美国，更关心建立国际性的管理架构。第二次世界大战后，美国正式从英国手中接过控制权，做的第一件事就是搭建前所未有的真正的全球性官僚架构，即联合国和布雷顿森林体系机构，后者包括国际货币基金组织、世界银行和关税及贸易总协定（后成为世界贸易组织）。大英帝国从未做过类似的尝试；英国人要么征服他国，要么与之贸易。美国人则试图管理一切人和事。

我观察到，英国人对自己不太擅长官僚制一事备感自豪，相比之下，美国人似乎羞于面对自己在这方面的驾轻就熟。[14]这不符合美国人的自我形象。我们应该是自力更生的个人主义者才对。（这正是右翼民粹主义者对官僚的妖魔化如此有效的原因。）然而不争的事实是，美国在一个多世纪的时间里一直是个极度官僚化的社会。这很容易被忽视，因为大多数美国官僚的习惯和做派——从装束到话语，再到表格和办公室设计——都来自私营部门。当小说家和社会学家描述“组织人”（Organization Man）或“穿灰色法兰绒套装的男人”（the Man in the Gray Flannel Suit），也就是苏联式机关干部的美国版时，他们指的可不是美国地标保护部或社会保障局的官员，而是公司的中层经理人。诚然，彼时的公司官僚还没有真的被冠以官僚之称。但他们仍然为行政官员的形象设定了标准。

“官僚”就是“公务员”的同义词，这种印象可追溯到20世纪30年代的新政时期，也是在那时，普通人首次在生活中大量见识到了官僚体制和技术。但事实上，罗斯福新政的施行者一上来就与律师、工程师以及福特、可口可乐或宝洁等公司雇用的企业官僚密切合作，大量吸纳了他们的做派，而随着20世纪40年代美国切换为战时状态，庞大的美国军方官僚机构也出现了类似的转向。当然，自那以后的美国始终没能真正脱离战时状态。尽管如此，借由这些方式，“官僚”一词几乎成了公务员专属；中层经理人和军官哪怕成天坐在办公桌前填表和归档，也不太会被视作官僚。（警察或国家安全局雇员同样不会被当成官僚。）

* * *

在美国，公私之间一向界限模糊。就比如美国军方出了名的旋转门现象——管采购的高级官员最后往往进了军事合同承包公司的董事会。在更广的层面上，打着军事之名保护某些本国产业、发展其他产业，这使得美国政府可以推行苏联式的产业计划却无须承认。毕竟，从维持一定数量的钢铁厂到从事建设互联网的初级研究，几乎一切都可以打着军备的旗号。鉴于这类计划是通过军事官僚和企业官僚的联盟来实施的，它还是不会被视作官僚行为。

尽管如此，随着金融业的崛起，情况有了质变——人们几乎已经说不出何为公、何为私了。这不仅缘于众所周知的将一次性政府职能外包给私营企业的做法，最重要的在于私营企业自身形成的运作方式。

我举个例子吧。几周前，我跟美国银行通了好几个小时的电话，想要弄明白如何从海外访问我的账户信息。全程涉及与四名不同的业务代表交谈，其间两次被推给不存在的号码，三次听人长篇大论解释复杂的霸王条例，以及两次更改各种电脑系统里的旧地址和电话号码未果。换句话说，这就是官僚式踢皮球的最佳写照。（一通折腾下来，我还是没能访问我的账户。）

现在我毫不怀疑，如果我真的找上一名银行经理，质问他怎么会发生这种事，他将立刻坚称这不怪银行，要怪就怪重重迷宫般的政府规章。然而，我同样确信，如果有机会调查这些规章是如何产生的，人们会发现它们由银行委员会议员的助理以及银行自己雇用的说客和律师联手缔造，这些议员在连任竞选活动中获得的慷慨注资使这一过程更加水到渠成。另外，从信用评级、保险费用、抵押贷款申请，到购买机票、申请潜水许可证，或者在貌似私立的大学里为办公室申请一把人体工学椅的流程，也属于这类情况。我们处理的绝大多数文书工作就存在于这样的中间地带——表面上归属私人领域，实际上完全由政府塑造；这样一个政府提供法律框架，以法院和一堆随之而来的复杂执行机制来巩固规章，但至关重要的是，它密切配合私人事务，以期最终确保一定的私人利润率。

在这些案例中，我们采取的照搬自右翼批判的那套话语根本不够用。它没法告诉我们实际上发生了什么。[15]

想想“放松管制”（deregulation）这个词语。在今天的政治话语中，“放松管制”就像“改革”（reform）一样，每每被视作好事一桩。放松管制意味着减少官僚干预，减少扼杀创新和商业的规章制度。这种理解将政治光谱左端的人置于尴尬境地，因为他们反对放松管制，甚至指出正是放任这种“放松管制”招致了2008年的金融危机。这似乎暗示着他们渴望更多的规则和监管，也就是在自由创新之路上安插更多的灰制服拦路虎，指示人们做这做那。

但这场论辩的前提有误。说回银行。不存在“不受监管”的银行。也没这种可能。银行这种机构享有政府授予的造币权，或者更专业点讲，有权发行将被政府承认为法定货币的白条，政府基于此在本国境内征收税项并清偿其他债务。显然，没有一个政府会将随心所欲无限造币的权力赋予随便哪个人，更不会随便给哪家追求利润的公司。那太荒唐了。根据定义，造币权只能是政府在严格限定的（意即受监管的）条件下赋予的权力。事实上，常见的情况是政府监管了一切，从银行的存款准备金到营业时间，还有银行可以收取多少利息、费用和罚金，它可以或必须采取何种安全防范措施，必须如何保存和上报记录，如何以及何时向客户告知权责——堪称无所不包。

所以，人们口中的“放松管制”实际指的是什么？在平常用法中，它似乎意味着“以我青睐的方式改变监管结构”。在实践中，这几乎可以用在任何事情上。在20世纪七八十年代的航空业或电信业语境下，这意味着改变监管体系，从鼓励少数大型公司转向促进中型企业在严格监督下展开竞争。在银行业语境下，“放松管制”通常意味着完全相反的情况：从中型企业之间受管理的竞争转向允许少数金融集团完全主导市场。正因如此，这个词语非常好用。但凡给一项新的监管举措贴上“放松管制”的标签，便能为公众营造出一种削弱官僚制、解放个体主动权的印象，即使其后果是实际增加了五倍之多的待填写表格、待归档报告、待律师解读的规则和条例，以及全部工作内容就是变着法子跟你解释为何不能做这做那的办公人士。[16]

* * *

这一过程——公共和私人权力逐渐融为一体，充斥着最终旨在以利润的形式攫取财富的规章条例——尚无一个名字。这本身就很能说明问题。这些事之所以会发生，很大程度上缘于我们缺乏谈论它们的方式。但其影响在生活中随处可见。文书工作填满了我们的生活。申请表越来越烦冗。诸如账单、门票、体育俱乐部或读书会的会籍这类寻常文件，背后都有大几页法律条文的支持。

我打算造一个名字。我打算称之为“全方位官僚化”（total bureaucratization）时代。［我本想称之为“掠夺式官僚化”（predatory bureaucratization）时代，但这里我真正想强调的是这头巨兽无所不包的本质。］也许可以说，这种现象在20世纪70年代末公众对官僚制度的讨论开始锐减时初露苗头，并于80年代愈演愈烈。但实际上它真正抬头是在90年代。

我在早前的一本书中提出，开启我们当前经济体制的根本性历史突破发生在1971年，也就是美元脱离金本位之时。这首先为资本主义的金融化铺平了道路，但最终，这也开启了更深刻的长期变化，那些变化在我看来终将彻底了结资本主义。我到现在还是这样认为的。但这里要谈的是更短线的影响。金融化对于严重官僚化的战后美国社会而言意味着什么？[17]

我认为对发生的事情最贴切的解读是大公司管理人员在阶层归属上的转变，他们原本与手下工人是不稳定的事实盟友关系，现在却与投资者结盟。约翰·肯尼思·高伯瑞（John Kenneth Galbraith）早有见解：如果你创建一个生产香水、乳制品或飞机机身的组织，让其成员自行其是的话，他们会倾向于集中精力生产更多更好的香水、乳制品或飞机机身，而不是满脑子考虑着怎样为股东赚大钱。更重要的是，在20世纪的大部分时间里，大型官僚化超级工厂意味着终身雇佣的许诺，从这个角度看，经理人也好，工人也好，所有生产过程的参与者会自视为某种利益共同体，超越并对抗工厂主和投资者。这种跨阶层的结盟甚至有个专门的名字："法团主义"（corporatism）。可别把它浪漫化了。它是法西斯主义的哲学基础之一。诚然，你也可以说法西斯主义只是简单利用了如下概念，即工人和经理人有着共同利益，像公司或社区这类组织自成有机的整体，而金融家是外来的寄生势力，将前者往惨无人道的极限压榨。即使在法团主义更温和的社会民主版本中，在欧洲或美国，其伴生的政纲也常常带有沙文主义色彩[18]——但始终不变的是，它们也将投资者视作某种程度上的外来者，与之相对的是蓝领和白领，蓝领和白领至少在一定程度上可划入统一战线。

20 世纪 60 年代的激进分子没少目睹支持民族主义的卡车司机和建筑工人对反战示威发起攻击，在这些激进分子看来，法团主义的反动内涵不言而喻。公司高管与高薪一族，也就是工业无产阶级里的阿奇·邦克们，显然是立场一致的。这也难怪当时的左翼对官僚制的批判都在强调，不管拥趸如何否认，社会民主主义与法西斯主义有太多共同之处。同样不足为怪的是，这种批判在今天已意义不大了。[19]

始于 70 年代，并为我们今日之所见铺平了道路的，是美国公司官僚高层的某种战略支点——远离工人，转向股东，最终立足于整个金融结构。始于里根和撒切尔时代，并最终导致私募股权公司兴起的并购、恶意收购、垃圾债券、资产剥离以及其他一些更引人瞩目的手段，只是这种同盟转向借以实现的早期机制。事实上，动态是双向的：在企业管理趋于金融化的同时，金融部门也趋于企业化，投资银行、对冲基金等在很大程度上取代了个人投资者。结果，投资者阶层和行政管理阶层变得几乎无从区分。（想想“财务管理”这个词语，它既能指公司官僚组织的高层如何经营公司，又能指投资者如何管理其投资组合。）没过多久，神勇的总裁们成了媒体的宠儿，很大程度上，衡量他们有多成功的标准在于他们有多少员工可以解雇。到了90年代，终身雇佣制即便于白领而言也已成为历史。企业越来越多地通过向员工发放股票期权来赢取他们的忠诚。[20]

与此同时，“人人都该以投资者的眼光看待世界”成了新的信条。顺理成章地，80年代时，报社开始解雇手下的劳工记者，而常规电视新闻却会在荧屏下栏打出最新的股价。普遍说法认为，只要参与个人退休基金或这样那样的投资基金，人人便将从资本主义那里分一杯羹。在现实中，“魔法圈子”（magic circle）却只扩展到高薪专业人士和那些公司官僚本身。

即便如此，这种扩展依然事关重大。没有盟友，就没有政治革命的成功，于是，吸纳一部分中产阶级很重要，更重要的是，让大部分中产阶级相信金融驱动的资本主义攸关他们的某种利益。最终，随着工会等真正的工人阶级组织被抛弃，这些专业管理精英中更偏自由派的成员成了后来的“左翼”政党的社会基本盘。（因此，美国民主党或英国新工党领袖经常例行表态，公然背弃历史上曾构成本党最强大后盾的工会。）不消说，这些人都已倾向于在完全官僚化的环境中工作，无论是学校、医院还是服务于公司的律师事务所。真正的工人阶级在传统上厌恶这类角色；他们要么完全退出政治生活，要么越来越多地投票给激进右翼以示抗议。[21]

这不仅仅是一次政治重组。这是一场文化变革。在此背景下，金融和企业圈子里发展起来的官僚技术（绩效考核、焦点小组、时间分配调查……）得以入侵教育界、科学界、政府等其他社会领域，并最终渗入日常生活的方方面面。追踪这一过程的最佳线索或许是它那套语言。这些圈子里首先出现了一种奇特的话术，满是光鲜又空洞的用词，诸如愿景、品质、利益相关者、领导力、卓越、创新、战略目标或最佳实践。[其中许多可以追溯到“生命源泉”（Lifespring）、“心灵动力”（Mind Dynamics）和 EST 这类“自我实现”运动*，它们在 70 年代风靡公司董事会，但很快便自成一套语言。] 现在，假设我们能绘制出一个大城市的地图，然后在每份至少用到三个这类词语的文档上摆一个小蓝点。再假设我们能目睹地图随着时间的推移而变化。我们将观察到这种新的企业官僚文化像培养皿中的蓝色污迹一般扩散，从金融区开始，再到董事会议室，然后是政府办公室和大学，最终席卷一切场所，只要那里有人聚在一起商讨资源的配置。

* * *

这种政府与金融的联盟虽说推崇市场和个体能动性，导致的结果

---

* “生命源泉”培训公司于 20 世纪 70 年代成立，旨在开发人的潜能。“心灵动力”是 20 世纪 60 年代创立的一家培训机构，借鉴灵修相关思想助人获得内心平静。EST 是 Erhard Seminars Training（艾哈德研讨会培训）的简称，由维纳尔·艾哈德（Werner Erhard）于 1971 年创办，借鉴了“生命源泉”的培训形式，提供深度的个人和专业发展工作坊。这类自我实现工作坊至今仍具有一定的影响力，也存在争议。——译者注

却往往酷似苏联时代或全球南方那些发展停滞的前殖民地国家里最糟糕的官僚做派。举例而言，有丰富的人类学文献记述了前殖民国家对证书、执照和文凭的崇拜。通常的观点是，在孟加拉国、特立尼达和多巴哥或喀麦隆这样被令人窒息的殖民统治遗产和自身的巫术传统拉扯的国度，官方证书被视为某种拜物教偶像，即单凭自身就能传递权力的神物，完全剥离了它们本应代表的真知、经验或培训。但80年代以来，文凭主义（credentialism）真正的大爆发出现在了美国、英国或加拿大这样的所谓最“先进”的经济体中。正如人类学家萨拉·肯兹尔（Sarah Kendzior）所写：

> “美国已经成为世界上最严格的文凭化社会。”詹姆斯·恩格尔（James Engell）和安东尼·丹格菲尔德（Anthony Dangerfield）在其2015年合著的《拯救金钱时代的高等教育》（*Saving Higher Education in the Age of Money*）一书中写道：“要求有学士学位的工作其实连两年的全日制培训都不需要，更别说四年了。”
>
> 将上大学提升为获得中产生活的必要条件……导致未受过大学教育的人被排除在有公众影响力的职业之外。1971年，58%的记者持有学士学位。今天，这个比例达到92%，而且许多报刊还要求新闻学硕士，哪怕大多数知名记者从未修习过新闻学。[22]
>
> 新闻业只是诸多具有公众影响力的领域之一，政界也是一样，在这些领域中，资格证书成了事实意义上的言论许可证，令无证

人士更难被雇用，也更难在相应的领域留下来。没有证书等于能力打折，但购买证书的能力通常取决于家庭的财力。[23]

同样的故事在一个又一个专业领域重复上演，从护士到艺术教师，从理疗师到外交政策顾问。几乎每一项曾被视作艺术（最好是从实践中学习）的努力现在都需要正式的专业培训和结业证书，而这似乎同时发生在私人和公共领域，因为如前所述，这种划分在官僚事务面前已没有实际意义。虽然这些举措就像一切官僚化举措那样，被标榜为一种在先前由内部知识和社会关系主导的专业领域中建立客观公平机制的方式，但效果往往适得其反。研究生都知道，恰恰是那些出身专业管理阶层、因坐拥家庭资源而最不需要经济资助的孩子，最能在充斥着文书工作的世界里游刃有余，从而获得经济资助。[24] 对于其他人而言，数年专业培训的主要结果就是确保你背上沉重的学生贷款，今后从事这一职业所得的任何后续收入中的很大一部分都将由金融部门按月抽走。在有些情况下，这些新的培训需求只能说是彻头彻尾的骗局，因为放贷人和培训项目规划人联手游说政府，比如坚持要求所有药剂师今后必须通过某些额外的资格考试，此举迫使数千从业者重回夜校学习，而这些药剂师很清楚，许多人只能借助高息助学贷款才学得起。[25] 如此一来，放贷人实际上得以合法地从大部分药剂师的后续收入中分一杯羹。[26]

最后这个案例看似极端，但它以自己的方式颇为典型地反映了公权和私权在新的金融体制之下的融合。越来越多的美国企业利润根本不来自商业或工业，而来自金融，说白了就是来自他人的债务。这些债务不是偶然产生的。它们很大程度上是经过精心设计的，始作俑者正是这种公权和私权的融合。教育企业化，继而导致学费激增——学生们得为大型橄榄球场这类执行董事们的突发奇想买单，或者为与日俱增的高校职工膨胀的薪水池做贡献。学位越来越多地成为任何有望通向中产生活的工作岗位的准入凭证。随之而来的是一路攀升的负债水平。上述种种组成了一个单一网络。所有这些债务的后果之一，就是使政府本身成为公司抽取利润的主要机制。（试想，一个人试图拖欠学生贷款会发生什么：整台法律机器立刻开始运转，随时准备没收资产、扣押工资，并处以数千美元的额外罚款。）另一个后果是迫使债务人主动将自己生活中越来越多的维度官僚化，不得不像管理一家小公司那样管理自己，权衡投入产出，勉力维持账目平衡。

还需强调的是，虽然这个抽成系统披着一套规章制度话语的外衣，但在实际的运作模式中，它几乎与法治无关。法律体系本身反倒成为一个日益无度的抽成体系的工具。银行和信用卡公司的利润越发依赖向客户征收的“费用和罚款”，多到那些靠薪金支票勉强过活的人常常因为透支5美元而被收取80美元的费用。在此趋势下，金融公司开始遵循一套全然不同的规则。我曾参加过一个关于银行系统危机的会议，在现场与一位供职于某个布雷顿森林体系机构的经济学家（我还是不说机构的名字为好）有过私下的简短交谈。我问他：为什么还不见有哪个银行高管因为哪项导致2008年股灾的欺诈行为而受到审判？

官员：呃，你得理解，美国检察官处理金融欺诈的手段始终是通过协商达成和解。他们不想走到庭审那一步。结果往往是金融机构被处以罚款，有时高达数亿美元，但并不承担任何刑事责任。它们的律师只说不会对指控提出异议，但如果它们出了钱，从技术上讲，它们并不会被判有罪。

我：所以你的意思是，如果政府发现高盛或美国银行存在欺诈行为，实际上只会罚它们一笔钱。

官员：没错。

我：要是那样的话……好吧，我想真正的问题在于：有没有过这种情况，就是公司被判处的罚款金额超过其通过欺诈本身赚取的金额？

官员：哦，没有，据我所知没有。通常要少得多。

我：怎么说，50%？

官员：要我说，平均更接近20%~30%。不过视具体情况而异。

我：那就相当于……我说错了你可以纠正，但实际上政府表达的难道不是"你爱怎么欺诈都行，但如果被我们逮到了，就得分我们一些"？

官员：呃，显然我不能把话这么说，只要我还干着这份工作……

当然了，正是在同一套法院系统的保障下，这些银行才能向其账户持有人收取80美元透支费用，而它只求在银行本身犯下欺诈时分一杯羹即可。

在某种层面上，这个例子似乎只是再度印证了那个颠扑不破的老理：有钱人总是另有一套。同样被查获大量携带可卡因，银行家之子常常能全身而退，换作穷人或黑人则几乎肯定要在联邦监狱蹲上几十年，如果眼下如此，又怎能指望这些银行家后代自己长大成为银行家时情况会有所不同？但我认为，这里牵扯到更深层的东西，关乎官僚体系的本质。这类机构总是创造出一种共谋文化。重点不在于某些人有办法打破规则，而在于衡量一个人对组织是否忠诚，某种程度上就看他是否愿意装作视而不见。当官僚逻辑扩展到整个社会范畴时，我们全都开始配合演出。

这一点值得展开讲讲。我要说的是，摆在我们眼前的不是普通的双重标准，而是一种独特的、在官僚体系里十分典型的双重标准。所有的官僚制都是程度不一的乌托邦，因为它们提出了某种真实人类永远无法触及的抽象理想。回到前面说的文凭主义。韦伯以来的社会学家们常提及一个最能定义官僚制的特征，就是其职员由正式的、不带主观色彩的标准选拔而来，最常见的是通过某种笔试。（也就是说，官僚不像被票选出来的政治人物，但也不该仅仅因为是谁的亲戚就走马上任。）理论上，它们遵循优绩制（meritocracy）；事实上，谁都知道系统有一千种空子可钻。许多人之所以能跻身其列，只因沾了某个亲戚的光，对此，大家心知肚明。共谋成了忠于组织的首要评判标准。职级晋升的基石不在于优绩（merit），甚至未必在于你是谁的亲戚；归根结底，它在于愿意维护“晋升基于优绩”的假象，即便人人都知道并非如此。[27]或者说愿意维护“规章制度面前人人平等”的假象，尽管事实上，规则时常充当个人权力肆意而为的工具。

这便是官僚制向来的运作方式。不过在历史上大部分时间里，它只对在行政系统内活动的人重要，比如中国中古时代有抱负的儒生。其余大多数人实际上需要想到那些组织的时候并不多。他们通常隔几年才会跟它们打交道，上地方税务机关那里登记自己的土地和牲口。但正如我前面指出的，过去两个世纪见证了官僚制的大爆发，尤其在过去三四十年内，官僚制原则扩张到了我们生活的方方面面。这种共谋文化也顺势蔓延开来。我们中的许多人实际上表现得好像自己相信法院真的在以应有的方式处置金融机构，甚至过于严厉了；相信普通公民真的该为透支而承担比那严厉百倍的处罚。由于全社会如今呈现出的面貌是大型的基于文凭证书的优绩制，而非予取予求的体制，因此人人都假装信以为真，争相从中捞取好处。

* * *

那么，针对全方位或掠夺式官僚化的左翼批评应该是什么样的呢？

我认为全球正义运动（Global Justice Movement）的事例提供了一条线索，因为该运动不期而然地发现这就是自己的使命所在。对此我印象深刻，因为我当时深度参与了这场运动。回首20世纪90年代，“全球化”被托马斯·弗里德曼（Thomas Friedman）这样的记者（实际上是美国和绝大多数其他富国的新闻机构）捧到了近乎自然之力的地步。以互联网为代表的技术进步将世界空前地联结在一起，更多的交流带来更多的贸易，而随着自由贸易条约将全球打造为一个统一市场，国界很快变得无足轻重。在当时主流媒体的政治辩论中，这一切都被当作不证自明的现实，反对这一进程的人仿佛在反对基本自然法则。他们是“地球是平的”派，是丑角，是左翼版本的斥进化论为骗局的圣经基要主义者。

因此，当全球正义运动开始时，媒体报道将它描绘成一群生着疥疮的左翼老古板的倒行逆施，这些人希望恢复保护主义、国家主权、贸易和通信壁垒，总的说就是在徒劳地对抗势不可当的历史大潮。问题是，这明显并非真相。最直接的反驳证据是抗议者（尤其在富裕国家）的平均年龄似乎只在 19 岁上下。更严肃的证据在于，这场运动本身即某种形式的全球化：来自世界各地的成员组成了这个令人眼花缭乱的联盟，从印度的农民协会到加拿大的邮政工会，从巴拿马的土著团体到底特律的无政府主义合作社。更重要的是，运动支持者不断强调，尽管他们抗议的是全球化，但媒体口中的那种“全球化”几乎与边界的消除和人员、产品、思想的自由流动无关。它实际上是要用高度军事化的国界困住越来越多的世界人口，国界内可能会系统性地减少社会保护，造就一群绝望的劳动者，绝望到愿意从事几乎没有回报的工作。他们反对这样，并提出要创造一个真正无国界的世界。

很显然，这些理念的拥趸并无机会在电视或主流报刊上发表任何言论——至少在美国这样的国家不行，其媒体受到自己内部企业官僚的严格监管。这类观点是实打实的禁忌。但我们找到了其他可行且同样有效的方式。我们可以围堵那些洽谈贸易协定的峰会和一些机构的年度会议——所谓全球化的条款实际就是由这些机构炮制、编写和推行的。这场运动于1999年11月来到北美，当时在西雅图召开的世界贸易组织会议被围，随后在华盛顿特区召开的国际货币基金组织 / 世界银行会议也被封锁，而在那之前，大部分美国人根本不晓得这些组织的存在。这些行动像魔咒一般，令本该藏匿之物无处遁形：我们只要现身并尝试堵住会场入口，就立刻揭露出一个由环环相扣的组织组成的庞大全球官僚体系，而它本不该被人们知道。当然，同一时间，我们也神奇地召唤出了上千名全副武装的防暴警察，他们随时准备让人看看那些官僚怎么对付挡路者，无论后者采取的是多么非暴力的手段。

这一策略产生了奇效。短短两三年内，我们阻击了几乎所有新提出的全球贸易协定，像国际货币基金组织这样的机构实际上已被逐出亚洲、拉丁美洲，乃至地球上的大部分区域。[28]

“显形法”之所以奏效，是因为它表明人们被灌输的关于全球化的一切都是谎言。这绝非什么由新技术促成的自然进程般的和平贸易。当人们谈论“自由贸易”和“自由市场”时，实际上谈论的是世界上首个有效运转的[29]全球规模的行政官僚体系的自发成形。该体系的基础在20世纪40年代就已奠定，但直到冷战退场后才真正起效。在此期间，它就像同时期其他更小范围内被创造出来的官僚制一样，由盘根错节的公域和私域元素共同塑就，二者彻底交织在一起，即便从概念上也无法做出区分。我们这样来想：位于最顶层的是国际货币基金组织、世界银行、世界贸易组织和八国集团（G8）这样的贸易官僚组织，外加北美自由贸易协定（NAFTA）或欧洲联盟这样的条约组织。它们实际上发展了全球南方貌似民主的政府所奉行的经济乃至社会政策。紧随其后的是大型的全球金融公司，如高盛、雷曼兄弟公司、美国保险集团，此处也应列入标准普尔（Standard & Poor's）之类的机构。再往下是巨型跨国公司。（大部分所谓的“国际贸易”，实际上只是物资在同一家公司的不同分公司之间流转罢了。）最后有必要算上非政府组织，它们在世界多地承担起了从前由政府提供的社会服务，结果是尼泊尔某城的城市规划或尼日利亚某镇的卫生政策很可能制定于苏黎世或芝加哥的办公室。

当时，我们并没有用这样的措辞来谈论事情——“自由贸易”和“自由市场”实则意味着创建以确保投资者盈利为目的的全球性行政结构，“全球化”其实就是官僚化。有很多时候我们已经很接近了，但还是没能把它点明。

回想起来，我认为那正是我们本该强调的。哪怕只是强调我们发明的集会、发言人会议（spokescouncil）等对这场运动至关重要的新型民主程序，便足以表明人们完全有能力共处，甚至做出重要决策、执行复杂团队项目，而无须填写表格、提起诉讼，抑或是以叫保安或叫警察相要挟。

在全方位官僚化的时代，全球正义运动以其独有的方式成为第一场重大的左翼反官僚化运动。因此我认为，它为任何尝试阐发类似批判的人提供了重要的经验教训。我在最后列出其中的三点。

1. 不要低估纯粹的身体暴力的重要性。

攻击峰会抗议者的高度军事化的警察部队并不是某种“全球化”的古怪副产品。每当有谁开始大谈“自由市场”时，最好四下找找持枪人在哪儿。他不会离得太远。19 世纪的自由市场自由主义迎合了现代警察和私家侦探的发明，[30] 并逐渐迎合了这样的认识，即警察对城市生活几乎享有全方位的管辖权，从监管街头小贩或私人聚会的噪声大小，到调解你跟暴躁老叔或大学室友之间的骂战。如今我们会觉得，遇到自己难以解决的棘手情况时，至少**可以**叫警察来处理，这种观念早已习惯成自然，以至于很多人甚至没法想象在此之前人们是怎么做的。[31] 因为，事实上，对生活在历史上的绝大多数人（哪怕是大城市居民）而言，这种情况下根本没有可供诉诸的当局。或者说，至少没有像现代警察系统那样非人格化的官僚机构，有权依托武力威胁来强制落实专横的决议。

在此，我觉得可以为“自由主义铁律”增加一项推论。历史表明，利好“市场”的政策往往意味着让更多人在办公室里管理事务，但历史还表明，这种政策同时意味着越来越多的社会关系最终要通过暴力威胁来调控。这显然与我们被教导的对市场的理解背道而驰，可倘若你仔细观察实际发生之事，就会发现这才是真相。从某种意义上来说，称之为“推论”有点混淆视听了，因为我们探讨的是一体两面。日常生活的官僚化意味着强制推行非人格化的规章制度；反过来，非人格化的规章制度只有依托武力威胁才能运行。[32] 事实上，在全方位官僚化的最新阶段，我们见证了这些事物的泛滥——电子眼、警用摩托、临时证件，以及身着各式制服、打着公共或私人名义在威胁、恐吓和最终施展身体暴力方面训练有素的男男女女。这些事物已然无处不在，哪怕是在游乐场、小学、高校校园、医院、图书馆、公园或海滨度假区，而在50年前它们还会被人视作有伤风化或是不可思议的。

在上述情况发生的同时，社会理论家依旧坚称，直接诉诸武力在维持社会控制结构方面扮演的角色日趋微末。[33] 事实上，我们读到越多关于大学生因未经许可使用图书馆而遭到泰瑟枪电击的报道，抑或是英语系教授因在校园内乱穿马路而入狱并受到重罪指控的报道，唱反调的人就会以越大的声量主张英语系教授剖析的那种微妙的符号权力才是真正要紧的。这越发像是气急败坏的自欺，拒绝接受权力的运作真的有日常证据表明的那样简单粗暴。

在老家纽约，我观察到银行支行在无休止地递增。我小的时候，大多数银行办事处都是大型的独栋建筑，通常被设计成古希腊或古罗马神庙的模样。过去30年里，在曼哈顿的繁华地段，似乎每隔三个街区就会出现一个支行门店，都隶属于那三四家大型银行。大纽约地区如今有上千个这样的网点，每一个都取代了先前在同一店址上售卖各式各样商品和服务的店铺。从某种意义上，它们是我们这个时代的完美写照：出售纯抽象之物的商店——完美无瑕的盒子，里面装的只有玻璃与钢制的隔板、计算机屏幕和武装保安。它们代表了枪支和信息的完美结合，因为那正是它们的全部。而这种结合几乎为我们生活的所有其他方面提供了框架。

当我们真的推敲起这些问题时，通常表现得仿佛一切只是技术的产物：这是一个由计算机驱动的世界。就连看上去也很像这么回事。事实上，所有新建的银行大厅都酷似 20 世纪 90 年代的电子游戏中简化了的虚拟现实布景。仿佛我们终于得以将虚拟之境变为现实，而如此一来，在我们设法打通新的官僚体系布下的重重迷宫时，我们的生活也沦为了某种电子游戏。之所以这样说，是因为在这些电子游戏里，没有什么实际的生产，有的只是凭空出现的事物，而我们终其一生，真正在做的就是赚取积分和躲避武装分子。

但是，这种“我们生活在由计算机创造的世界中”的感觉，本身就是一种错觉。将一切归结为技术发展的必然结果，而不是社会和政治力量的产物，那就大错特错了。这就引出了“全球化”（所谓的互联网的产物）另一个至关重要的经验教训。

2. 不要高估技术作为诱因的重要性。

日后被称为“全球化”的进程，实际创建出的是新的政治联盟、政策决策和新的官僚制度，在那之后才有了集装箱运输或互联网之类的实际技术。所以，日常生活的普遍官僚化虽得益于计算机的加成，但其本身并非技术发展的产物。情况毋宁说恰恰相反。技术变革压根儿不是个自变量。技术的确会进步，而且常常是以出人意料的方式。但技术进步的大方向取决于社会因素。

这点很容易被遗忘，因为我们日常切身体验到的官僚制运作完全离不开新兴的信息技术：脸书（Facebook）、手机银行、亚马逊、贝宝（PayPal），以及数不清的手持设备，它们将我们周遭的世界简化为地图、表格、代码和图形。即便如此，使一切成为可能的关键，仍然是我在这篇导论中描述过的那点：肇始于20世纪七八十年代的金融与公司官僚的联盟，随之而来的新的企业文化，以及它对教育、科学和政府圈子的强力入侵，使得公域和私域的官僚制度最终融为一体，形成有助于直接攫取财富的海量文书工作。这不是新技术的产物。相反，堪用的技术花了几十年才出现。在70年代，计算机还被人当作笑话。银行和政府大力推行它们，但在大多数实际的使用场景中，它们本身就是愚蠢官僚制的写照；一旦哪里明显出了大差池，人们的反应总是翻个白眼，然后怪罪“某台计算机”。经过40年的时间和对信息技术无休止的研发经费投入，才有了银行业如今使用和提供的这种精准且出奇高效的计算机。

想想自动取款机（ATM）吧。过去30年里，我印象中没有哪次从自动取款机提款所得的金额是有误的。也没有哪个我认识的人有过这种遭遇。这样的经验太过真切，以至于2000年美国总统大选后，当公众津津乐道于计票器2.8%或1.5%的预期误差数据时，一些人斗胆指出，在自诩为世上最伟大的民主政权的国家，在选举被奉为圣礼的地方，我们似乎就这么接受了计票器经常性地计错票数，而与此同时，每天上亿笔自动取款机交易却能做到零差错率。说明对美国人而言，什么才是本国的真正要务。

金融技术已经从当年的笑柄变为如此可靠之物，以至于我们将它默认为社会现实的基础。你不必去想自动取款机吐出的钱数对不对。如果机器尚在运转，那它便不会犯错。抽象的金融概念就这样被赋予了某种全然的确定性，即马丁·海德格尔所说的“上手性”（ready-to-hand）。这一点对于我们处理日常事项时用到的实践层面的基础架构而言至关重要，重要到没人费心去思考它的本质。而与此同时，马路、自动扶梯、桥梁、地下铁路等实体的基础设施在我们身旁破败；放眼大城市周边的景观，过去数代人的未来主义构想如今正躺在那里肮脏发臭或无人问津。所有这些都不是没来由地发生的。准确而言，它关乎国家层面的优先事项，取决于政策决定该如何配置资金，是拨款给地标建筑的保护还是特定领域的科研。这其实是一个由无数印着“愿景”、“品质”、“领导力”和“创新”的文件造就的世界。如今的局面并不是技术变迁带来的；很大程度上，技术变迁的方向只是顺应了金融之力。

3. 始终切记，一切归根结底都关乎价值。

（或者：如果你听见有人说他们的最高价值是理性，那只是因为他们不想承认自己真正最看重的价值。）

贡献了大部分官僚制新话术的“自我实现”哲学坚称，我们活在永恒的当下，历史毫无意义，我们仅凭意志的力量创造了周遭的世界。

这是一种个人主义版的法西斯主义。在这种哲学开始流行的 20 世纪 70 年代前后，一些保守派基督教神学家其实有着极为相似的思考路径：将电子货币视作上帝创造力的某种延伸，借着受默示的企业家的头脑将它转化为物质实在。很容易理解，这种思想如何导向这样一个世界，其中抽象的金融概念仿佛构成了实在的基石，而我们的许多生活环境貌似是从谁的计算机屏幕上 3D 打印出来的。事实上，我所描述的数码生成般的世界完美印证了另一条社会法则（至少在我看来足以称其为一条法则）：如果将足够的社会权力赋予某个阶层，哪怕他们秉持的观念古怪至极，他们到头来都会有意或无意地设法制造出一个世界，以一千种不易察觉的方式向生活其间的人们强化那些观念不证自明的真实性。

在北大西洋诸国，上述思潮的爆发源自很长一段时期内对于大众心目中价值来源的改造尝试。例如，大部分美国人曾经信奉一种朴素版的劳动价值理论。在一个农民、机械师或商店主占大多数的世界里，这种价值从直观上是成立的：因为人们耗费了精力去创造，所以理当收获生活的美好；创造的过程涉及脑力和体力，二者的占比通常大致相当。在 19 世纪中叶，即便是主流政客的发言也常常像在引用卡尔·马克思语录。好比亚伯拉罕·林肯：

> 劳动先于且独立于资本。资本只是劳动的成果，若没有先在的劳动，它便不可能存在。劳动高于资本，也更值得重视。[34]

在镀金时代（Gilded Age）*，官僚资本主义的崛起伴随了新兴商业大亨有意识的努力，他们抛开上面那套话语，宣扬起在当时看来颇为大胆的新哲学，即钢铁大亨安德鲁·卡内基口中的“财富的福音”（Gospel of Wealth）——价值实则来自资本本身。卡内基及其拥趸在雄厚的财力支持下展开了一场传播新福音的运动，不仅覆盖全国上下的扶轮社和商会，还去到了学校、教堂和公民组织。[35] 这些人的基本论点是，他们执掌的新兴巨头企业的效率本身，能够带来物质的极大丰富，使美国人可以通过消费而非生产去达成自我实现。照此观点，价值说到底产生自新兴大集团的官僚组织本身。

全球正义运动教给我们一件事，那就是归根结底，政治确确实实关乎价值；但另外，那些大型官僚体系的创造者几乎永远不会承认他们真正看重的价值是什么。这在卡内基时代和在今天同样成立。通常，他们会像19世纪与20世纪之交的强盗资本家那样，一口咬定自己是奉效率或“理性”之名行事的。但事实上，这样的说法实质上都是故意含糊其词，甚至荒谬无谓。“理性”一词就是个贴切的例子。一个“理性”之人应当能够建立基本的逻辑联系，不靠妄想来评估现实。换言之，他不是个疯子。任何声称自己的政治主张基于理性的人，不论左翼还是右翼，都相当于在声称反对者大抵是精神错乱了——没有比这更傲慢的姿态了。又或者，他们用“理性”代称“技术效率”，从而将关

* 处于美国历史中的南北战争时期和进步时代（Progressive Era）之间，约为1870—1900年。该名称取自马克·吐温1873年发表的同名长篇小说。普遍认为这个时代的代表特征就是南北战争之后的充满贪婪和政治腐败的美国政府。——译者注

注点放在**怎样**做事上，因为他们不愿谈论最终到底要做的是**什么**。新古典经济学惯用此招。当经济学家试图证明在美国大选中投票是“非理性的”时（因为对投票者个体而言，所耗的精力远超可能的收益），他们只会泛泛使用这个词语，而不会直说“对那些无视公民参与、政治理想或公共利益的价值，仅从个人利益角度看待公共事务的人来说，这种做法是非理性的”。没理由说一个人不可能理性算计出靠投票来推进其政治理想的最优方法。但按照经济学家的假设，任何走这条路的人都可能失去了理智。

换言之，谈论理性效率成了一种逃避方式，如此便可对这种效率实际上服务于什么避而不谈；那便是最终的非理性目标，而它们被当作了人类行为的终极目的。在这里，市场和官僚制再度同声相应。二者都称自己的行事准则主要是个体自由，以及通过消费达到个体的自我实现。就连黑格尔或歌德这样的 19 世纪旧式普鲁士官僚国家的支持者，也坚持认为国家的威权措施有其正当性，理由是公民的财产安全受到绝对的保障，因而有自由在自己的家中自行其是——无论是追求艺术、宗教、浪漫或是哲学思辨，还是仅仅决定要喝哪款啤酒、听什么音乐、穿什么衣服。官僚资本主义在美国出现时，同样用消费主义的理由为自身正名：可以要求工人放弃对其工作状况的一切掌控权，只要这样能保证他们回家后有更多更便宜的产品可用。[36] 人们总是假设有某种协同效应存在于这两者之间——不带个人色彩的、受规则约束的组织（包括公共领域和生产领域的组织）和在俱乐部、咖啡馆、厨房或家庭出游中绝对自由的自我表达。(当然，这种自由最初仅限于男性一家之主；随着时间的推移，它至少从原则上扩展到了每个人。）

过去200年间，占支配地位的官僚制组织最深厚的遗产，就是把这种理性、技术手段和两者最终服务的非理性目的间的简单割裂变得如常识一般。在国家层面上是这样，公务员的荣誉感源自找出最有效的手段去贯彻本国统治者碰巧设计的国家命运——无论其根植于弘扬文化、帝国征服、追求真正平等的社会秩序，还是谨遵《圣经》律法。在个人层面上也是这样，我们理所当然地认为人类进入市场只是为了算计出最有效的致富方式，可一旦钱到手了，谁也说不准他们决定拿它做什么——是买豪宅或赛车，对不明飞行物失踪事件展开个人调查，还是干脆全投在孩子身上。一切似乎是明摆着的，使得我们忘记了在历史上存在过的大多数人类社会里，这种割裂根本没有意义。在大多数时空里，一个人做事的方式就是他终极的自我表达。[37]但同样，一旦世界被一分为二，出现了纯粹的技术功能领域和独立于它的终极价值领域，那么从这一刻起，两个领域就不可避免地开始试图互相入侵。有人会宣称，理性乃至效率本身就是价值，甚至是终极价值，我们应当以某种方式创造一个“理性的”社会（无论那意味着什么）。其他人则主张，生活应当成为艺术，或者宗教信仰。但上述所有运动的前提恰恰就是它们誓要克服的这种割裂。

所以说，不管人们想围绕官僚制效率还是市场理性来重组世界，都无关宏旨：一切基本假设均未改变。这有助于解释为什么在两者之间切换是如此轻易，就像那些苏联时代的官员，抛弃全面国有化经济后，转头便喜迎全面市场化——而且在此过程中印证了“自由主义铁律”，成功地大幅增加了举国上下的官僚总量。[38]此外，这也有助于解释两者如何得以无缝融合成一个整体，就像当前全方位官僚化时代中的情况。

任何经历过难民申请的人，或者为了送女儿上伦敦的一所音乐学校而不得不填写40页申请表的人，多少都会质疑官僚制跟理性有何相干，更别提效率了。可从顶层向下看就是如此。事实上，在系统内部，用以评估世界的算法和公式到头来不只是价值的衡量标准，也是价值本身的来源。[39]毕竟，官僚们的工作大头就是评价事物。他们持续不断地评估、审核、测量、权衡不同的计划、提案、申请、行动方针或晋升候选人孰优孰劣。市场改革只会强化这种趋势。这发生在各个层面，对穷人而言尤为残酷。隔三岔五就会有一支道貌岸然、手持表格的大军入侵并监控他们的生活，评估他们的育儿技能，检视他们的食品柜以确认他们是否真的与伴侣同居，判定他们有没有努力在找工作，或他们的身体状况是否确实差到不具备劳动能力。所有的富裕国家如今都雇用了大批公务员，其主要职责就是让穷人难堪。而评估文化在高度文凭化的专业阶层中还要更普遍，在他们的世界里，审核文化统领一切，没有哪样存在之物不能被量化、制表或登上什么网络界面或季度报告。我们不但可以说这个世界在根本上是金融化的产物，也可以说它其实只是金融化的外延。因为这是个充斥着证券化衍生产品、债务抵押债券和其他此类诡谲金融工具的世界，但其至尊原则在于，价值归根结底是文书工作的产物，是如山的评估表格堆出来的——从恼人的社会工作者判定你是否穷到可以免缴孩子的医药费开始，到西装革履的男人参与高速交易赌你多久之后还不起抵押贷款为止。

* * *

适用于当下时代的官僚制批判必须呈现出所有这些线索——金融化、暴力、技术、公私领域的融合——如何编织成了一个单一的、自我维持的网络。金融化的进程意味着占比越来越高的公司利润抽取自这样那样形式的租金。鉴于这在根本上约等于合法的敲诈，因此该进程也伴随了日益累加的规章制度，以及日趋复杂和无所不在的武力威胁（用于强制执行这些制度）。事实上，它们无所不在到我们已经意识不到自己正受着威胁，因为根本无从想象它们不存在的情况。同时，从租金抽成中获得的部分利润又被投入遴选部分专业阶层，或者为推广文书工作的公司官僚队伍培养新骨干。这助长了我在其他地方写过的一个现象：近几十年来明显毫无意义、生造出来的“毫无意义的工作”——战略愿景协调员、人力资源顾问、法律分析师之流——在持续增加，即便事实上，就连从事这些岗位工作的人也在一半时间里暗自确信对公司毫无贡献。最后，这只是延续了始于 20 世纪七八十年代的阶层同盟重组的基本逻辑；公司官僚制成了金融体系的延伸。

隔三岔五你就能碰到一个将上述一切结合起来的具体案例。2013 年 9 月，我拜访了马赛城郊一家当时正被工人占领的茶厂。工人与当地警方已对峙了一年有余。事态缘何至此？一名带我参观厂区的中年工人解释说，虽然表面上引发争端的是上层为了更廉价的劳动力决定将工厂搬去波兰，但终极争议点在于利益的分配。那里的 100 多名工人中最年长、最有经验的人耗时数年对包装茶包的巨型机器进行了修缮和提效。产量上去了，利润也随之增加。可工厂主用多赚的钱做了什么呢？他们给提高生产力的工人涨薪了吗？在 20 世纪五六十年代凯恩斯主义当道的旧日子，涨薪几乎是板上钉钉的事。可今天不复如此。他们雇用更多工人并扩大生产了吗？也没有。他们只是聘请了更多中层管理人员。

那名中年工人解释称，多年来，厂里只有两名主管：老板，外加一名人事专员。眼看利润增加，越来越多西装革履的人随之出现，现在已有十几个人了。这帮西装党个个顶着考究的头衔，却几乎无事可做，于是他们花费大把时间踱着步子紧盯工人，制定考核指标，撰写计划和报告。最终，他们一拍脑门就要把整个业务转移到海外——该工人推测，主要是因为制订这项计划可以彰显他们的存在感。他又补充说，何况计划虽然会令大多数工人丢掉饭碗，但对计划制订者而言并无坏处，那些主管有望被调去更具吸引力的工作地点。此后不久，工人们便占领了大楼，而外面密密麻麻围起了防暴警察。

* * *

因此，我们亟须一种针对官僚制度的左翼批判。本书准确而言并不能为这样一种批判提供大纲。从任何意义上，它都不是在尝试阐发一套关于官僚制、官僚史甚或当前的全方位官僚化时代的一般理论。这是一部文集，每一篇都指向了一些左翼对官僚制的批判可能采取的方向。第一章侧重谈暴力，第二章谈技术，第三章谈理性和价值。

这些章节并不构成一套单一的论证。或许可以说它们围绕着同一个核心展开，但更主要的是，它们要尝试开启一场对话——一场姗姗来迟的对话。

我们都面临同一个问题。官僚化的实践、习惯和做派吞没了我们。我们的生活已经开始围绕填表展开。然而，我们现有的那套话语根本不足以谈论这些事；甚至，设计这套话语的初衷可能就是要加剧问题。我们需要找到一种方式来谈论在这个过程中我们实际反对的是什么，诚实地道出它牵涉的暴力，但同时，也要去理解它的吸引力是什么，维持它的是什么，哪些元素有内在潜力可释放出一个真正自由的社会，哪些元素可被视作生活在任何复杂社会中不可避免的代价，又有哪些元素是可以且应当被消除的。如果本书在激发这样的对话上起到了哪怕一丁点儿作用，那将是它对当代政治生活做出的真正贡献。

第一章

想象力的死区：论结构性愚蠢

让我以一个与官僚制有关的故事起头。

2006年，我母亲多次中风。很快，她便明显不具备在家中自主生活的能力。由于她的保险没有涵盖家庭护理，前后有不少社会工作者建议我们申请医疗补助（Medicaid）。然而，要符合医疗补助资格，个人总资产只能最多6 000美元。我们着手转移了她的积蓄——严格来说，这应该算诈骗了，尽管这种诈骗很不寻常，因为受雇于政府的数千名社会工作者的主要工作内容似乎就包括告诉公民如何令这种骗局长期存在。但此后不久，又一次严重的中风发作将她送进了疗养院，以便接受长期的康复治疗。等出院后，她肯定还需要家庭护理，但问题来了：她的社保支票是直接存入账户的，而她几乎无法签名，所以除非我获得她账户的授权，以此帮她支付每个月的房租，否则账户余额将迅速累加，令她失去医疗补助资格，即便我已经填写并提交了海量的医疗补助申请文件，替她暂时保留了资格。

我去了她的开户行，领了必填的表格，然后把它们带回疗养院。文件需要公证。病房护士告诉我有一名内部公证人，但要预约。她替我拨通电话，随后，一个身份不明的声音帮我转接了公证人。公证人接着告知，我需要先获得社会工作负责人的授权，然后便挂断了。于是我要到了社会工作负责人的名字和办公地点，老老实实乘电梯下楼并出现在他的办公室，结果发现该负责人其实就是一开始把我的来电转给公证人的那个不明声音。社会工作负责人拿起电话说道："玛乔丽，刚刚就是我，你一通瞎扯都把这人搞疯了，我也被你搞疯了。"然后，他微微比了个道歉手势，为我敲定了下周的预约。

次周，公证人尽责地出现，陪我上楼，确保我填完了该我填的那部分表格（在这一点上我已被反复提醒），随后，她当着我母亲的面填完了自己该填的部分。我有点纳闷，因为她没有让我母亲签任何东西，只有我签了，但我想她知道自己在做什么。次日，我带着文件去银行，柜台后的女士扫了一眼，问为什么没有我母亲的签名，随后她把文件拿给经理看，经理让我拿回去改好。看来公证人真的不知道自己在做什么。于是我得到了一套新表格，老老实实填写了每张上面该我填的地方，然后重新约了一次公证人。到了约定的那天，公证人现身，我们尬聊了几句这些银行有多爱刁难人（为什么每家银行都得自己弄一套完全不同的授权书？），随后她领我上楼。我签了字，我母亲也签了——费了一些劲，当时她连撑起身子都难。次日我又去了银行。另一个柜台的另一个女士检查了表格，问我为什么会在注明需要工整书写名字的那栏写了手写签名，又在注明要手写签名的那栏用印刷体写了名字。

“我有这样吗？好吧，我完全是按公证人说的去填的。”

“可这里清清楚楚写着‘手写签名’。”

“哦，对，确实，不是吗？我猜是她说错了。又来。好吧……可所有信息都在这儿呢，不是吗？只是这两小处弄反了而已。这真的算个问题吗？情况有点急，我真的不想再等下一次预约。”

“呃，通常情况下，如果没有全部签字人在场，我们连这些表格都不收的。”

“我母亲中风了，卧病在床。所以我才要申请授权啊。”

她说她去跟经理核实一下。10 分钟后她回来了，经理就站在听得见我们说话的不远处。她宣布银行不能接受目前这样的表格——除此之外，即使表格填好了，我还要让母亲的医生出具一封信，证明我母亲的精神状况允许她签署这样的文件。

我提出，先前可没人说过需要这样的信。

“什么？”经理突然插了进来，“是谁给了你表格又没告诉你信的事的？”

鉴于肇事者在众多银行员工中算是比较有同理心的，我躲掉了这个问题，[1] 转而指出存折上分明印着“由大卫·格雷伯（David Graeber）代管”。不出所料，他回复，那个要等她死了才能作数。

一语成谶，整个问题很快成了一纸空谈：我母亲真的在几周后去世了。

当时，这段经历搅得我心神不宁。我人生中大部分时间里过着一种不羁的学生生活，与这种事情相对隔绝。我开始询问身边的友人：这真的就是大多数人的平常生活吗？整天东奔西走，感觉自己像个白痴？不知怎的被摆到了某个位置，结果真的做事像个白痴？大多数友人倾向于认为，生活大抵就是如此。诚然，那名公证人异常不称职。可在那之后不久，我又被迫耗了一个月的时间处理纽约机动车管理局某工作人员把我的名字录成“Daid”造成的严重后果，更别提威瑞森通信公司（Verizon）职员把我的姓记成“Grueber”的事儿了。无论出于何种历史原因，公共和私人官僚制的组织方式仿佛旨在确保相当一部分成员无法按预期完成任务。也是从这个意义上，我在前文中认为官僚制完全可以被称作乌托邦式的组织形式。毕竟，我们常说的乌托邦不就是这样吗？天真地相信人性的可完善性（perfectibility），拒不面对人类本来的模样。我们不也知道，正因如此，它们才会设置不可能的标准，然后又责怪个体无法达成吗？[2]但事实上，所有的官僚制都是这么做的：提出自认为合理的要求，然后发现它们并不合理（因为总有很多人无法达到预期），最后得出的结论是，问题不在于要求本身，而在于达不到要求的具体个人不够称职。

从个人层面看，最令人不安的莫过于跟这些表格打交道好像让我变蠢了。我怎么没注意到自己把印刷体的名字写到了手写签名栏？表上明明提示得很清楚啊！我自认通常情况下并不算蠢。事实上，做我这行的立身之本就是让别人相信我是聪明的。可我显然犯了蠢，而且不是因为不注意；事实上，我在整件事上倾注了大量心力。我意识到问题不在于花了多少精力，而在于大部分精力都被用于随时试图理解和影响任何可能具备某种凌驾于我之上的官僚权力的人——事实上，他们只需精准解释一两个拉丁文词语，并正确执行某些完全机械的功能。我花了太多时间担心，生怕自己表现得好像在质疑公证人的专业能力，或者想象自己该怎样才能显得更体谅银行员工，因而没怎么留意他们让我做的蠢事。这显然是个错误策略，因为我能说上话的人通常无权在规则上通融；而就算我真的碰上有这种权力的人，他们通常会直接或间接地告知我，如果我要投诉，哪怕单纯针对结构性的荒谬，那么唯一可能的结果就是令某些基层职员陷入麻烦。

身为人类学家，这一切让我感到似曾相识。我们人类学家的专长就是研究出生、结婚、死亡及类似场合下的通过仪式。我们格外关注有社会效用的仪式化动作：单凭某句话或某个行为就能造就社会事实。（想想“我道歉”、“我投降”或“我宣布你们成为夫妻”之类的句子。）人是社会动物，出生和死亡绝非单纯的生物事件。通常要借助大量工作才能将一个新生儿变成一个人——有名字、社会关系（母亲、父亲等）和一个家，有别人对他负责，并期待他有朝一日也会对这些人负责。通常，大部分此类工作都经由仪式完成。正如人类学家指出的，此类仪式的形式和内容多种多样，可能涉及洗礼，坚振，熏香，剃胎发，隔离，报喜，制作、挥舞、焚烧和掩埋仪式用具，还有念咒语。死亡更复杂，因为一个人一生中获得的所有这些社会关系又要逐步被切断和重整。一个人通常需要数年才能完全死去，其间轮番经过下葬（甚至重新下葬），焚化、清洁和重整骸骨，宴请，还有仪典。历史发展到今天，在大多数社会中，上述仪式进不进行都有可能，但恰恰是文书工作而非任何其他形式的仪式承担起了这份社会效用，令这些改变实际生效。例如，我母亲希望不办葬礼，直接火化。我对殡仪馆的主要记忆就是那个胖胖的和善文员，他带我过了一遍获得死亡证明前必须入档的 14 页文件，文件要用圆珠笔在复写纸上填写，如此得到一式三份。“你每天要花几个小时填这样的表格？”我问道。他叹了口气：“我干的全是这个。”说着抬起一只因为某种早期腕管综合征而缠了绷带的手。他没得选。要是没有这些表格，我母亲或任何在其机构火化的人都将无法在法律意义上——从而在社会意义上——死亡。

那么，我很想知道，为什么没有出现大量研究美国或英国通过仪式的民族志著作（内含大篇幅介绍表格和文书工作的章节）？

有个显而易见的答案。文书工作很无聊。你可以描述与之相关的仪式。你可以观察人们如何谈论它或应对它。可一旦涉及文书工作本身，你就没多少有趣的东西可说了。表格是怎么设计的？配色呢？为什么它们选择问某些信息而不是其他的？为什么问出生地而不是，比方说，你上小学的地方？签名为什么那么重要？但即便如此，即便是最有想象力的评论员，很快也就提不出什么问题了。

事实上，研究是可以更进一步的。文书**就该**这么无聊。而且其无聊程度与时俱进。中世纪的凭照往往相当美观，通篇是书法字和纹章装饰。其中一些元素甚至直到 19 世纪还保留着：我有一份我祖父出生证明的副本，1858 年签发于伊利诺伊州的斯普林菲尔德。它色彩斑斓，有着哥特体字母、卷轴和小天使（还是全德语写就）。相较之下，1914 年于堪萨斯州的劳伦斯签发的我父亲的出生证明是黑白的，毫无装饰，只有线条和方框，但好歹由一手漂亮的花体字填写。而我自己的，1961 年出具于纽约的那份，连这一点都没有：它是打印后盖章的，平平无奇。当然了，如今大量以计算机界面呈现的表格，其乏味程度还要略胜一筹。仿佛文件的创造者们一步步地尝试剥夺文件中的任何一丁点儿深意或象征性。

无怪乎这一切可能会令人类学家绝望。人类学家为密度所吸引。我们手头的解释性工具最适于在复杂的意义之网中穿行——我们寻求理解纷杂的仪式象征、社会戏剧、诗歌形式或亲属关系网络。所有这些的共同之处，在于它们往往既无限丰富，同时又无限延展。单单一个罗马尼亚的丰收仪式、阿赞德人的巫术指控或墨西哥的家族传奇，如果想把其中包含的所有意义、动机或关联都研究透彻，都得穷尽一辈子时间——其实应该是好几辈子时间，如果还要在更广的社会或象征场域内追索它们与其他元素的关系，这样的工作一贯是开放性的。文书工作恰恰相反，其设计初衷就是追求最大限度的简单和自足。表格再怎么复杂，哪怕复杂到令人傻眼，它也是由非常简单但明显对立的元素无限叠加而成的，就像一个完全由两三个简单几何图案无限并置而构成的迷宫。而就像迷宫一样，文书工作并不真的向自身之外的任何事物开放。结果就是没什么可供阐释的。克利福德·格尔茨（Clifford Geertz）因提供了一种对巴厘岛斗鸡的“深描”而成名。他试图证明，如果我们能剖析一场特定斗鸡比赛中发生的一切，我们就能理解巴厘岛社会的一切：那些概念关乎人类境遇、社会、阶序、自然，以及人之存在的所有根本激情与困境。从一份抵押贷款申请中不可能得出这些，无论文件本身的信息量有多大；即便有哪个不信邪的只为证明其可行性而着手写了这样一篇分析，也很难想象有谁真的愿意去读。

* * *

有人要反对了：可伟大的小说家不是经常围绕官僚制创作出扣人心弦的文学作品吗？这当然不错。但他们的成就恰恰在于直面官僚制的循环和空洞，更别提愚蠢了，而由此产生的文学作品也具备了某种同样迷宫般的麻木的形式。这就是为什么几乎所有这个主题下的伟大文学作品都采用了恐怖喜剧的形式。弗兰茨·卡夫卡的《审判》无疑是个中典范（《城堡》也一样），但我们还可以举出不少其他例子：从斯坦尼斯瓦夫·莱姆（StanisŁaw Lem）那本卡夫卡式的《浴缸中发现的回忆录》（*Memoirs Found in a Bathtub*），到伊斯梅尔·卡达莱（Ismail Kadare）的《梦宫》（*Palace of Dreams*）和若泽·萨拉马戈（José Saramago）的《所有的名字》（*All the Names*），再到其他许多可谓投射了官僚精髓的作品，例如伊塔洛·卡尔维诺（Italo Calvino）的大部分作品，或几乎所有博尔赫斯（Borges）的作品。约瑟夫·海勒（Joseph Heller）讲军队官僚组织的《第二十二条军规》（*Catch-22*）和讲公司官僚组织的《出事了》（*Something Happened*）被认为是这一类型中的近代杰作，还有大卫·福斯特·华莱士（David Foster Wallace）未完成的遗作《苍白之王》（*The Pale King*）——一部关于无聊状态本质的虚构的沉思录，背景设在美国国税局的一间中西部办公室。有趣的是，几乎所有这些小说作品都不仅强调了官僚生活滑稽的无意义感，而且掺入暴力元素，至少是作为弦外之音而存在的。这在某些作者（如卡夫卡和海勒）那里更明显，但暴力似乎总是潜伏在表面之下。更重要的是，明确以暴力为主题的当代故事也有涉及官僚制的倾向，因为毕竟大多数极端暴力行为要么发生在官僚化环境中（军队、监狱等），要么直接充斥着官僚式流程（犯罪）。

伟大的作家懂得如何处理真空。他们向它敞开怀抱。他们凝视深渊，直到深渊也凝视他们。相形之下，社会理论厌恶真空；或者说，如果它还继续像先前那样思考官僚制的话，这个判断就完全成立。愚蠢和暴力正是它最不愿谈论的元素。[3]

批判的缺席显得格外奇怪，因为从表面上看，高校学者个人所处的位置使他们理应去探讨官僚式生活的荒谬。部分原因当然在于他们自己**就是**官僚——情况越发如此。“行政职责”、出席委员会会议、填表、阅读和撰写推荐信、配合院系领导的心血来潮……所有这些占用了普通高校学者越来越多的时间。不过，学者们也是逼不得已的官僚，因为即便当所谓的“行政”最终成为教授实际工作的大头时，它也总是被视为附加之物，显然并非他们真正的职责所在，也不能真正定义他们的身份。[4]他们是学者，是研究、分析和阐释事物的人，即便他们的学术灵魂越来越为官僚躯壳所禁锢。你可能会觉得，一名高校学者该有的反应是研究、分析和阐释这一现象：我们怎么就把越来越多的时间花到文书工作上了？文书工作到底意味着什么？其背后的社会动力是什么？然而出于某些原因，相关探讨付之阙如。[5]

根据我的经验，当高校学者围着饮水机（或学院里更常见的咖啡机）休息闲谈时，他们鲜少谈论自己“真正的”工作，而几乎时刻都在抱怨那些行政职责。但在日益缩水的可供他们深度思考的时间里，这似乎又是他们最不愿去想的。

但我怀疑，这里还涉及更深层次的东西，关乎大学的本质及其存在的原因。

举例而言，想想两位在战后美国社会科学界享有至高地位的欧陆理论家：五六十年代风行的德国社会学家马克斯·韦伯，还有在那之后的法国历史学家和社会哲学家米歇尔·福柯。他们都在美国获得了某种从未在自己国家实现的知识霸权。是什么令他们如此吸引美国学者？毫无疑问，他们的高人气大概率缘于可供批判马克思主义之用，二人的理论（通常是粗糙简化的版本）被拿来论证权力不单单或不主要关乎对生产的控制，而是任何社会生活中无处不在、无所不包和不可避免的特征。

但我还认为，很大一部分吸引力在于他们对官僚制的态度。事实上，有时我感觉整个 20 世纪只有这两位聪明人发自内心地相信官僚制的力量在于其有效性。也就是说，官僚制的确行得通。韦伯将官僚式组织视为理性在人类事务中的化身，明显比其他形式的组织优越太多，恐要吞没一切，将人类囚于了无生趣的“铁笼”（iron cage）之中，尽失精神力与个人魅力。福柯的理论更具颠覆性，但这种颠覆对官僚权力有效性的揭示有过之无不及。在他研究庇护所、医院、监狱和其他对象的著作中，人类生活的方方面面——健康、性、工作、道德，以及我们对真理的概念本身——原本都不存在，不过是由这样那样的专业或行政话语造出来的。借由治理术（governmentality）和生命权力（biopower）等概念，他主张国家官僚制最终形塑了人之存在的基本参数，与个体的关联之紧密远超韦伯想象。在福柯那里，一切知识形式都成了权力形式，主要通过行政手段形塑我们的思想和身体。

很难不怀疑，韦伯热和福柯热要多亏这样一个事实：同时期的美国高校体系本身已日益成为一个专为全球范围内运作的帝国行政机构输送官员的场所。当第二次世界大战甫一告终，美国初次着手建立其全球行政机构时，一切昭然若揭。像塔尔科特·帕森斯（Talcott Parsons）和爱德华·希尔斯（Edward Shils）[6]这样的社会学家深度介入了哈佛大学在冷战时期的架构，而他们创造的精简版韦伯主义理论，很快被进一步精简为美国国务院官员和世界银行那里的“发展理论”（development theory），并作为马克思历史唯物主义的替代品被大力推广，在全球南方国家争夺意识形态阵地。彼时，就连玛格丽特·米德（Margaret Mead）、鲁思·本尼迪克特（Ruth Benedict）和克利福德·格尔茨这样的人类学家，也没有因为与军事情报机构甚至中央情报局密切合作而感到愧疚。[7]越南战争改变了这一切。在校园反战动员中，这种共谋被抛到了聚光灯下，而在激进分子眼里，帕森斯——连带韦伯——就是一切要打倒的对象的化身。

韦伯被推翻后，起初还不确定什么人，或者说有没有人能取代他。有一阵子，人们的兴趣点集中在德国马克思主义上：阿多诺（Adorno）、本雅明（Benjamin）、马尔库塞（Marcuse）、卢卡奇（Lukacs）、弗洛姆（Fromm）。但关注点最终转到了法国，1968年5月发生在那里的起义催生了风起云涌的极富创造性的社会理论。它们在法国被直接统称为“68思想”，不但在气质上十分激进，而且几乎敌视一切左派政治中传统的抗议形式，从工会组织到暴动。[8]不同的理论家时兴时衰，但经过了80年代，福柯以前无古人后无来者的方式做到了一枝独秀，甚至超越韦伯早先的地位。或至少可以说，他在那些自认为走反对派路线的学科中做到了这一点。最后，在此最好谈一下在美国高等教育体系中出现的一种学术分野：韦伯主义者中偏乐观的一派经过了理论再发明（简化程度较先前更甚），以“理性选择理论”（rational choice theory）之名行官僚培训之实；而偏悲观的一派则倒向了福柯阵营。反过来，福柯确立优势地位的学术领域也正是那些前校园激进分子或其认同者的研究热情所在。这些学科几乎完全避开了染指政治权力的机会，或者越来越多地避开了任何对社会运动的影响，而这一距离也使得福柯对“权力/知识”关系的强调（主张知识形式往往是社会权力形式，事实上，是最重要的社会权力形式）别具吸引力。

毫无疑问，任何此类极简历史总结只会显得讽刺与不公。不过，我相信这里体现出一个深刻的真相。不只是学者们被吸引至高密度之地，在那里我们的阐释技能也得以更充分地发挥。我们还越来越倾向于将有趣的事与重要的事混为一谈，并假定高密度之地也是权力集中之地。官僚制权力恰恰表明，事实通常与此相反。

但本章探讨的不单单，或者说不主要是官僚制。它主要探讨暴力。我想论述的是，暴力，尤其是结构性暴力（我是指普遍存在的、靠威胁施加身体伤害为根本后盾的社会不平等形式）造成的情境总是倾向于促成我们对官僚程序的惯常印象，即一种有意为之的盲目。概而论之，与其说官僚程序本质上是愚蠢的，甚至往往会产出被其自己定义为愚蠢的行为（尽管这也没错），不如说它们是一种惯用手段，用于管理已然十分愚蠢的社会情境，因为后者建立在结构性暴力之上。我认为以这样的方式探讨问题能告诉我们很多关于官僚制是如何渗透到我们生活的方方面面的，而我们又为何察觉不出。

* * *

现在我承认，这样强调暴力可能显得很奇怪。我们不习惯将疗养院、银行甚或健康维护组织视作暴力机构，除非是从最抽象和隐喻的意义上。但此处我指涉的暴力并不抽象。我不是要谈概念上的暴力。我谈的就是字面意义上的暴力，就像一个人用木棍敲另一个人的脑袋那样。所有这些机构都在一个由政府监管和保障产权的体系中参与资源配置，而这个体系最终依赖武力威胁而存续。“武力”不过是暴力的委婉说法，其实就等于有能力唤来一些穿制服的人，威胁要拿木棍敲别人的脑袋。

怪就怪在，工业民主国家的公民实际上鲜少思考上述事实，或者说我们本能地极力去掩盖其重要性。于是才可能出现这种情况：研究生会在高校图书馆的书架间流连数日，精读各种受福柯启发的关于肋迫在现代生活中的重要性日益下降的理论文章，却从不反思，如果他们主张自己有权不出示盖章生效的凭证就进入图书馆，会召唤出武装人员，动用一切必要的武力将他们带离。仿佛越是允许我们日常生活的方方面面落入官僚法规的范畴内，每个相关的人就越会串通，淡化这一切最终都依赖身体伤害的胁迫来维持的事实，而这样的事实对于那些实际运行系统的人来说是明摆着的。

实际上，“结构性暴力”这一用法本身就是个恰如其分的例子。刚着手写这篇文章时，我只是想当然地认为它指代以间接形式运作的实际暴力。试想某个好战部落（姑且称之为“阿尔法人”）从沙漠席卷而来，占领了一片居住着和平农民（姑且称之为“奥米伽人”）的土地。阿尔法人没有索取贡品，而是侵占了所有肥沃土地，安排他们的孩子有特权接受大多数形式的实用教育，同时创出一种宗教意识形态，主张阿尔法人本质上更优越，是更好、更美、更智慧的，而如今基本只能在他们的田产上做苦力的奥米伽人，因为某些可怕的罪孽而受到神明的诅咒，变得愚蠢、丑陋又低贱。可能是内化了这份耻辱，奥米伽人开始表现得好像信了自己确实有罪。从某种意义上，他们也许真的信了。但在更深层次上，追问他们究竟相不相信并无太大意义。整个安排出自暴力，而且只能依靠持续不断的暴力威胁来维持。事实上，奥米伽人很清楚，谁敢直接挑战产权安排或染指教育机会，利刃便会出鞘，人头就要落地。在这种情况下，所谓的“信仰”不过是人们为了适应这般现实而发展出的心理技巧。倘若阿尔法人失去了对暴力手段的掌控，谁知道奥米伽人会如何行动或做何感想呢？

这就是我最开始运用“结构性暴力”时的所思所想：这类结构只能通过暴力威胁来创建和维持，即便在其常规的每日运转中并不需要动用实际的身体暴力。如果对此仔细推敲，这一用法其实适用于大多数通常在文献中被冠以“结构性暴力”之名的现象，如种族主义、性别歧视、阶级特权，即使它们的实际运作模式要复杂得多。

在这一点上给我最多启发的是女性主义文献，其中经常就是以这种方法谈论结构性暴力的。[9] 例如，文献中普遍指出，正是在女性开始向工作、举止或着装方面的“性别规范”发起挑战时，性侵犯的发生率急剧攀升。果真与突然拔剑的征服者一模一样。但在大多数时候，学界并不是这样使用这个术语的。目前的用法其实要追溯到 20 世纪 60 年代的“和平学”（Peace Studies），它被用来指代在研究者看来与暴力等效的“结构”，哪怕它们可能根本不涉及身体暴力行为。[10] 他们所列举的基本是同一批结构，即种族主义、性别歧视云云，但言下之意是**有可能**存在一个在完全没有家庭暴力或性侵犯的情况下运转的父权制系统，或是一个完全不靠政府强加的产权支撑的种族主义系统——尽管据我所知的事实是，根本找不到这样的案例。[11] 令人百思不得其解的情况再度上演：为什么有人要做这样的论证？除非他们出于某种原因，决意强调身体暴力不是事情的本质，不是真正有待解决的问题。显然，直指暴力问题意味着要打开一连串大门，而这些门在大多数学者看来还是关着比较好。

这些门中的大多数直接通向我们所谓的“国家”问题，以及实际行使其权力的官僚架构问题。根本问题到底是国家对暴力的垄断，还是国家是任何可能的解决方案中不可或缺的一环？令人反感的到底是制定规则之后威胁对不守规则者施加人身伤害的做法本身，抑或只是当局没有正确地部署这类威胁？把种族主义、性别歧视等当作一堆悬浮在空中的抽象结构来讨论，不啻规避这类问题的最佳方法。

* * *

在人类学家再熟悉不过的许多农村社群，现代行政技术被明确视为外来强加之物，而我举的阿尔法人和奥米伽人的例子更贴近那里的情况。我们打交道的对象通常是这样那样的被征服人口，也就是说，他们能敏锐意识到当前的安排是暴力的产物。因此，谁也不会否认政府本质上是一个强制机构，即便他们或许完全认可它在某些方面也可能是仁慈的。比方说，在我做田野调查的马达加斯加农村地区，人人都天然地认为国家主要通过唤起恐惧来运转。在人们看来，这一点通用于旧日的马尔加什诸王国（Malagasy kingdoms）、随后的法国殖民政权，以及接替后者的当代马达加斯加政权（它基本就是同一事物微调后的版本）。另外，它唤起的恐惧显然是间歇性的，因为大部分时间里，国家或其代表并不真的在场。政府基本没有去规范日常生活的细枝末节：没有建筑规范，没有开罐法*，不强制车辆上牌照和保险，不规定谁可以在哪里买或卖或抽或建或吃或喝什么东西，不限制人们

* Open Container Law，有此法律的美国各州规定，在交通工具上不能持有开盖后的酒精饮料。——译者注

在哪里放音乐或养宠物。再说了，这样的法律如果真的存在也不为人知，因为包括警察在内的任何人都没想过要执行它们，就连在城里也不会，在周边的农村更是绝无可能，毕竟在农村，规范这类事务靠的完全是习俗、社群议事集会或巫术禁忌。在这样的背景下，政府官僚机构的主要职能再明显不过，那就是登记应纳税财产，以及对保障征税者顺利现身并收走款项的基础设施进行维护。

这种情况实际上给我自己的研究带来了一些耐人寻味的困境。在去乡下之前，我在马达加斯加国家档案馆做了大量文献准备工作。19世纪的伊梅里纳王国引入了外国传教士帮其培训公务员，相关记录仍保留完备，还有殖民政权的记录也是。结果，针对大约 1875 年到 1950 年这个时间段，我收获了研究对象社群的大量数据：人口普查数据、学校记录，最重要的是，关于每户家庭的规模及其拥有的土地和牲畜——还有早期的奴隶——的精确数字。但一到当地我便发现，上述信息正是大多数人眼中从首都来的外人最可能问到的，因而也是他们最不情愿透露的。事实上，人们几乎愿意谈除此之外的任何事。因此，对于两个历史时期，我掌握的数据类型完全不同。

随着对人们了解的深入，我逐渐意识到，这不仅仅是政府没有规范日常生活——在最重要的方面，政府根本毫无作为。国家权力在马达加斯加历史中呈现出潮起潮落之势，而彼时显然适逢低潮期。政府确实设了办公室，有人坐在里面打字和做登记，但那更多只是表面功夫——他们薪资微薄，得不到任何办公耗材（需要自己买纸），人人都在纳税评估上做假，反正没谁真的会交税。警察只在公路上巡逻，根本不往乡下去。可人人谈起政府的样子就好像它确实存在，寄希望于不引起外来人的注意，以免某间首都办公室里的某人因此决定必须对现状做出什么改变。所以在一个层面上，官僚权力几乎对人毫无影响。而在另一个层面上，一切都沾染了它的色彩。

部分原因在于近百年前的征服带来的初始影响。当时，伊梅里纳王国的大部分居民都是奴隶主，在一个大王国中享有核心地位。关于奴隶制，需要牢记的一点是它从未被谁真正视作一种道德的关系，而是被视作一种简单粗暴的权力关系：主人可以随心所欲地使唤奴隶，奴隶对此无能为力。[12] 1895 年，当法国推翻伊梅里纳王国并接管马达加斯加时，同时废除了奴隶制，并强加了一个政府，该政府甚至不屑假装自己基于社会契约或被统治者的意志，而只是基于火力优势。不出所料，马达加斯加人大都推断出自己实际上已成了奴隶。这对人们的相处之道产生了深远的影响。没过多久，任何指挥关系——成人之间一方将另一方持续性地当作自身意志的延伸——都被视作有悖道德，本质上只是奴隶制或者国家的变体。正经马达加斯加人不这样行事。所以即便马达加斯加政府远在天边，它的阴影依旧无处不在。在我研究的社群中，这种关联在人们谈及 19 世纪的大奴隶主家族时最容易凸显出来；那些家族的孩子很大程度上凭借教育投入和文书工作技能，在后来的殖民政府中占据了核心位置，而他们的后代也大都在首都考究的办公室工作，远离乡村生活的烦恼与责任。在其他语境下，特别是在官僚语境下，指挥关系有着语言编码：它们与法语密切相关；与之相对，马达加斯加语被视作商议、解释和共识决策所使用的语言。当基层官员想要不由分说地发号施令时，几乎总会切换到法语。

有一件事让我记忆犹新。我和一名和蔼可亲的基层官员以马达加斯加语进行过多轮交谈。后来的某一天，我在所有人都打算提早回家看足球比赛的时候来访，令他心烦意乱。（正如我前面提到的，他们在办公室确实没什么可做的。）

“办公室关门了，”他用法语宣布，一反常态地挺了挺腰板，摆出煞有介事的样子，“如果你有什么事，只能明早 8 点再来。”

我一头雾水。他知道我的母语是英语，也知道我能说流利的马达加斯加语，但不可能知道我还听得懂法语。我佯装困惑，以马达加斯加语回复道：“不好意思，抱歉，我没听懂。”

他的回应是把腰板挺得更直，并重复了同样的话，只是语速略有放缓，音量略有提高。我再度假装没有听懂。“我不明白，”我说，“你为什么用我听不懂的语言跟我说话？”他复述了一遍。

事实证明，他完全无法用本地话复述这个句子，或者不如说，无法用马达加斯加语说出任何其他话来。我怀疑这是因为如果切换到日常语言，他就无法允许自己这么粗鲁了。这点后来得到了其他人的证实：如果他当时操着马达加斯加语，那么他至少得解释一下办公室为何会在不寻常的时间关门。在书面马达加斯加语中，法语实际上可以被称作“命令语言”（ny teny baiko）。在它特定的语境下，无须解释、商议和最终的同意，因为形塑这些语境的前提是纯粹的武力上的不对等。在这种情况下，调动这一武力的实际手段并不在场。那名官员不能真的报警，也不会想这样做。他只想把我打发走，而我在用语言游戏逗了他一阵之后，遂了他的愿。可他只能通过唤起殖民国家的影子，才能唤起权力允许他采取的那种态度。

在马达加斯加，官僚权力在大多数人心目中还是有些好处的，因为它关系到教育这个近乎承载着普世价值的领域。打入政府、办事机构或警察局圈子，就意味着打入了小说、世界史、技术和海外旅行机会的圈子。官僚权力也因而显得不那么无可救药或荒诞不经。

不过，马达加斯加政府并不特别暴力。然而，比较分析显示，一个官僚体系中的暴力使用程度与其产生的荒谬无知程度直接相关。例如，基思·布雷肯里奇（Keith Breckenridge）较为详尽地记录了殖民时期典型的行使"无知权力"（power without knowledge）的南非政权，[13] 它们在很大程度上用高压政治和文书工作取代了对非洲国民需求的了解。就说从 20 世纪 50 年代开始实施的种族隔离制度，它的先声是一种新的通行证制度，后者旨在简化早期的要求非洲工人随身携带大量劳动合同文件的规定，它以单本的身份手册取而代之，内里标明了工人的"姓名、地址、指纹、税务状况，以及官方规定他们在城镇生活和工作期间享有的'权利'"，再无其他。[14] 政府官员盛赞它提高了行政效率，警察盛赞它减轻了自己的负担，省得再与非洲工人具体交谈。至于非洲工人，他们正是出于同样的原因而将新文件称作"dompas"，即"蠢证"。

安德鲁·马修斯（Andrew Mathews）关于墨西哥瓦哈卡州林业部门的精彩民族志同样表明，正是政府官员和本地农民之间几乎完全不对等的权力让林务官处在某种意识形态气泡之中，对森林火灾（仅举一例）抱持着非黑即白的简化想法，导致全瓦哈卡州可以说只有他们不明白自己颁布的法规实际造成了什么后果。[15]

即使在我们用英语谈论官僚制的方式中，也透露出高压与荒谬相关性的蛛丝马迹。比如留意一下就会发现，专门用于指代官僚制之愚蠢的俗语——诸如“一团糟”（SNAFU）*、“进退两难”（源自《第二十二条军规》）——都源自军事俚语。从更广的层面上，政治学家一早就观察到，在高压和信息之间存在一种“负相关”［大卫·阿普特（David Apter）语[16]］：也就是说，相对民主的政权往往被过量信息充斥，因为人人都向政治权威讨要解释和提出诉求；而一个政权越是专制和压迫，人们就越没有理由向其透露任何事，这也是为什么这类政权不得不严重依赖间谍、情报机构和秘密警察。

* * *

暴力能促成专断的决定，由此避免更平等的社会关系里特有的辩论、澄清和再谈判。显然，正是它的上述能力令其受害者认定，基于暴力创造的程序是愚蠢或不合理的。我们当中的大多数都能通过观察他人的语气或肢体语言来粗浅地感知他人的想法或感受——通常不难觉察出人们当下的意图和动机，但若要超越粗浅的感知，往往要下很

---

* SNAFU 是 Situation Normal: All Fucked Up（一切正常：全部搞砸）的缩略词，表达的是当前情况非常糟糕，但这就是常态。有说法称该俚语出自“二战”时期的美国海军陆战队。——译者注

大一番功夫。事实上，社会生活中的大部分日常事务，都是在试图破译他人的动机和观念。我们姑且称之为“阐释性劳动”（interpretive labor）。也许可以说，那些仰仗武力恫吓的人没必要从事太多阐释性劳动，所以通常来说，他们不会去做。

身为人类学家，我明白自己踏上了一片雷区。当人类学家真正关注起暴力的时候，他们强调的层面往往与之恰好相反：暴力行为作为传递意义和沟通的方式——甚至它们与诗学的相似之处。[17]任何提出异议的人都可能被斥为庸俗：“你当真认为暴力**不**具备象征权力，子弹和炸弹**不**是要传达什么吗？”所以有必要郑重声明：不，我不这么认为。但我的意思是，最重要的问题可能不在于此。首先，因为它假定“暴力”主要指的是暴力**行为**——实打实的推搡、拳打、捅刺或爆炸——而不是暴力**威胁**，以及在弥散的暴力威胁下得以确立的那种社会关系。[18]其次，在暴力相关的研究领域，人类学家以及更广大的学者群体似乎格外容易落入陷阱，混淆了阐释深度与社会意义。亦即，他们不假思索地认为暴力最耐人寻味的地方就是它最重要的地方。

我来逐一解释一下。通常情况下，暴力行为也是沟通行为，这样说准确吗？当然不错。但这几乎适用于任何形式的人类行为。在我看来，暴力真正的重要之处在于，它或许是唯一一种即便**没有**沟通也可能产生社会影响的人类行为形式。准确地说，一个人若要对完全欠缺了解的他人的行动施加相对可预测的影响，那么唯一可行的方式很可能就是暴力。基本上，当你尝试以其他任何方式影响别人的行动时，你多少得了解你眼里的别人是谁，别人眼里的你又是谁，他们可能想从当前的情况中得到什么，他们的好恶是什么，等等。而只要往他们的脑袋上打得够狠，上述种种就都无所谓了。

的确，致死或致残对他人造成的影响十分有限。但那就够了，而且至关重要的是，它们的效果是可以提前确知的。任何其他形式的行动都必须诉诸某种意义或理解上的共识，才有可能取得任何可预见的效果。另外，虽说尝试通过暴力威胁影响他人确实需要一定的理解上的共识，但那微乎其微。大多数人际关系都极其复杂，由密密麻麻的前史和意义构成，其中持续存在的关系尤为如此，不论是长期的朋友还是长期的敌人。维系这些关系需要不断投身于通常十分微妙的想象，无休止地尝试站在他人的视角看待世界。这就是我在前面提到的“阐释性劳动”。威胁对他人造成身体伤害可以跳过这一切。它能促成一种更简化和纲要化的关系（“越过这道线我就开枪了”“再说一个字就让你进监狱”）。可想而知，这就是为什么暴力往往是蠢人的首选武器。甚至称之为蠢人的撒手锏也不为过，因为智慧最难回应的就是这种形式的愚蠢，而这无疑是人类境遇中的悲剧一桩。

我确实需要加上一个关键的限定条件。这里，一切都取决于武力的对比。如果双方参与的是相对对等的暴力竞赛，比方说两军在指挥官的率领下对峙，那么他们就有充分的理由去刺探彼此脑海中的想法。只有当一方在造成身体伤害的能力上具备压倒性优势时，他们才不再需要这样做。这一点影响深远，因其意味着暴力的特定效力，也就是免除“阐释性劳动”的能力，在暴力本身最隐而不见时表现得最显著——事实上，也就是在大规模身体暴力行为最不可能出现的场合。

很显然，这些正是我在前文定义的结构性暴力情境，即本质上以武力威胁为后盾的系统性不平等。出于这个原因，结构性暴力情境不可避免地会产生高度一边倒的想象性认同结构。

当不平等结构呈现为深度内化的形式时，那种效力通常最引人注目。性别在这里依然是个典型例子。例如，20 世纪 50 年代的美国情景喜剧中有一个经典老哏：关于无法理解女性的段子。这些当然是由男人来讲述的段子往往把女人的逻辑描绘得莫名其妙、不可理喻。“你必须爱她们，”传递出的信息始终是这样的，“但谁能真的搞明白这些生物到底在想什么呢？”从来没人指出，在这些女人眼里，男人又有多么难懂。原因显而易见。女人别无选择，只能理解男人。在 50 年代的美国，正是单收入父权制家庭的理想如日中天的时候，而较富裕的家庭往往能够实现这种理想。无法自己获取收入或资源的女性，显然只好花费大量时间和精力去揣摩男性的所思所想。[19]

这套女性神秘论似乎是父权制安排下的一项惯有特征。它通常与另一种感觉相伴相生：女性再怎么不合逻辑、令人费解，仍然保有男性无法具备的神秘的、近乎神秘主义的智慧（“女人的直觉”）。当然，类似情况存在于任何极端不平等的关系中，比如农民常被描绘成榆木脑袋，但同时又有某种神乎其神的智慧。以弗吉尼亚·伍尔夫（Virginia Woolf，代表作《到灯塔去》）为代表的几代女性小说家记录了这种安排的另一面：女性最终不得不持续投入精力去管理、维持和调适那些轻忽自傲的男性的自尊心，包括不间断地进行想象性认同，或阐释性劳动。这项工作要在各个层面开展。无论身处何地，女人总是被期待去不停地想象如何从男性视角看待这样或那样的情境。可社会几乎从不期待男人为女人做同样的事。这种行为模式的内化程度之深，导致许多男人很抗拒换位思考的提议，仿佛提议本身就是一种暴力行为。举例而言，美国高中的创意写作教师普遍喜欢布置这样一个练习，要求学生想象自己在某一天转换了性别，然后描写一下当天可能发生的事。很显然，结果出奇地一致。女孩的作文都写得洋洋洒洒，表明她们花了很多时间思考这个主题。很大一部分男孩通常拒绝完成作文。他们明确表示自己完全想不出当一名少女会是什么样子，并且对于应当思考这件事的提议感到愤怒不已。[20]

对熟悉女性主义立场论（Feminist Standpoint Theory）或批判性种族研究（Critical Race Studies）的人而言，我这里所说的都算不上新鲜。事实上，我之所以会有这些更广的反思，最初是受到了贝尔·胡克斯（bell hooks）这段话的启发：

> 在美国，尽管从不存在一个官方的黑人团体作为人类学家和/或民族学家去研究白人，但是从奴隶制开始，黑人就通过口口相传，彼此分享密切观察白人群体所得的“特殊的”知识。说它特殊，是因为它并非一种有完备书面记录的认知方式，其目的只是帮助黑人在一个白人至上的社会中找到处事和生存之道。多年以来，在白人家庭工作的黑人家仆充当了传信人，将相关知识带回被种族隔离的社群——细节、事实、对白人“他者”的精神分析式的解读。[21]

要我说女性主义叙事存在什么局限，那就是它有点太宽宏大量了，强调更多的是被压迫者的洞察，而不是压迫者的蒙昧或愚蠢。[22]

是否有可能发展出一种关于阐释性劳动的一般理论？首先，我们可能得认识到，这里有两个彼此关联的关键要素，需要予以正式区分。要素之一是作为一种知识形式的想象性认同的过程，事实上在支配关系中，通常是从属者实际承担起了理解相应的社会关系如何真正运转的工作。打个比方，任何在餐馆后厨工作过的人都知道，如果出了纰漏，怒气冲冲的老板来了解情况时，他不太可能开展详尽的调查，甚至不会认真听取员工们争相给出的对事发经过的各版解释。他更可能叫他们都闭嘴，然后武断敲定一套说法，好立刻下判断：例如，“你，乔，你不会犯这种错；你，马克，新来的小子，肯定是你搞砸的。再有下次就开了你”。结果，弄清实际出错的地方以防问题再度发生的工作被丢给了那些无权聘用和解雇员工的人。类似情况通常发生在持续性的关系中：众所周知，雇员往往对雇主的家庭了如指掌，很少听说雇主对雇员有此等了解。

要素之二是由此引发的同情的认同（sympathetic identification）模式。说来奇怪，是亚当·斯密（Adam Smith）在其《道德情操论》（*Theory of Moral Sentiments*）中首度观察到了如今被我们称作“同情疲劳”（compassion fatigue）的现象。他提出，正常情况下，人类不仅倾向于想象性地认同自己的同伴，而且会因此自发地体会到彼此的喜悦与悲伤。然而，穷人长期处于悲惨境地，导致原本具备同情心的旁观者不堪重负，只好在不知不觉中完全无视他们的存在。结果就是，处于社会底层的人花费了大量时间去想象顶层的视角并发自内心地在乎他们，而相反的情况几乎从不会出现。

无论探讨的是主人和仆人、男人和女人、雇主和雇员、富人和穷人，结构性不平等，也就是我一直在说的结构性暴力，总是会产生高度一边倒的想象性结构。我认同斯密关于想象往往带来同情的观察，而这样的结果就是，结构性暴力的受害者对受益者的关心往往远超受益者对受害者的关心。这很可能是除暴力本身之外，维系这种关系最强大的力量。

* * *

至此，我可以说回官僚制的问题了。

在当代工业化民主国家，对暴力的合法管理被交给了有着委婉名称的“刑事执法”，主要就是警察的手里。之所以说“委婉”，是因为几代的警察社会学家都指出，警察实际所做的只有很小一部分涉及刑事执法，或者与任何刑事案件沾边。他们的大部分工作关乎法规，说得稍微有技术含量一点就是，关乎科学地运用武力或武力威胁以协助解决行政管理问题。[23] 换言之，他们把大部分时间花在执行那些没完没了的规章制度上，包括谁能在哪里买或卖或抽或建或吃或喝什么这种在马达加斯加农村小镇根本不存在的东西。

所以：警察就是带武器的官僚。

想想吧，这真是个绝妙的把戏。因为我们大多数人在想到警察时，并不会觉得他们是执行法规的。我们觉得他们是打击犯罪的人，而且我们脑海中浮现的那种“犯罪”通常都是暴力犯罪。[24] 尽管事实上，警察的所为多半正相反：他们把暴力威胁带入了那些原本与暴力无关的情境中。我在公众讨论中屡屡发现这一点。但凡要假设一例有警察介入的情境，人们几乎会不约而同地想到某种人际暴力行为，不是抢劫就是袭击。可稍加反思就会清楚，当大多数真实的人身攻击行为发生时，警察并没有介入，即使是在马赛、蒙得维的亚或明尼阿波利斯这样的大城市，即使是家庭暴力、帮派斗争、醉酒斗殴的情况。只有当有人死亡或伤重需送医时，警察才会被召来。但那是因为救护车一到，文书工作也随之而至。如果有人在医院接受救治，则必须给出其受伤原因，这种情况下就需要警方出具报告。如果有人死了，则有各种各样的表格要填，包括上报市政统计部门。所以警察确定会介入的斗殴就是能产生文书工作的那些。绝大多数抢劫或入室盗窃也无人报案，除非需要填写保险理赔单，或有文件丢失，必须按规定提交警方报告才能补办。因此，大多数暴力犯罪最终都不会有警察介入。

另外，你可以试试在这些城市的街道上驾驶一辆无牌照汽车。我们都知道会发生什么。身着制服，配有警棍、手枪和 / 或泰瑟枪的警官会立即现身。如果你就是拒不遵从他们的指示，那么几乎必然招致暴力。

为什么我们会搞不清警察的实际工作？显而易见的原因是，在过去 50 年左右的流行文化里，警察几乎成了想象性认同所痴迷的对象。这样的事情如今已不再新鲜：当代工业化民主国家的公民每天花上几个小时看那些邀请他们站在警察的视角看待世界并间接经历其丰功伟绩的书、电影或电视节目。事实上，这些想象中的警察确实几乎时刻都在打击暴力犯罪，或处理这些犯罪行为造成的后果。

别的不说，上述现象奇怪地有悖于韦伯关于铁笼的著名忧思：现代社会被千人一面的技术官僚管理得井井有条，以致个人魅力式英雄人物、魅力和浪漫将尽数消亡。[25] 而事态的实际发展显示，官僚社会趋向于以自身独有的形式制造出有个人魅力的英雄。他们自 19 世纪末起便以传奇侦探、警官和间谍等各种各样的面貌出现。很显然，这些人物的工作就是精准行动，通过实际运用身体暴力来获取官僚结构索要的信息。官僚制毕竟已存世数千年，从苏美尔到埃及再到古代中国，这些官僚社会都孕育过伟大的文学。不过，是现代北大西洋社会第一个创造出了英雄本身就是官僚或完全在官僚环境中行动的文学体裁。[26]

我惊讶地发现，思考警察在我们社会中的角色，实际上能为社会理论提供一些有意思的见解。现在，我必须承认，我在行文中对学者及其大部分理论习惯与偏好表现得不太友好。如果有人读了我写的东西，认为我在论证社会理论方面很大程度上毫无意义——这是某个象牙塔里的精英因拒不承认简单的权力现实而形成的自以为是的幻想——我也不会觉得意外。但这绝非我的论点。这篇文章本身就是一次社会理论的尝试；如果我不认为这样的尝试有可能为某些重要领域投去一束光，使之不再晦暗不明，那我也不会写下它了。问题在于理论的类型和目的是什么。

这里，将官僚知识和理论知识做一比较能给人以启发。官僚知识其实就在于纲要化。在实践中，官僚程序总是意味着无视真实社会生活中的所有幽微之处，将一切都简化为预先构想的机械化或统计学公式。无论是表格、规则、数据还是问卷，万变不离其宗的就是简化。通常情况下，这与走进后厨，对问题原委草草下定论的老板并无太大区别：二者都是将非常简单的预制模板应用在复杂且通常暧昧不明的情境中。结果就是，那些被迫跟官僚行政机构打交道的人总感觉自己遇到的人都强行戴上了一副只能展示眼前 2% 事物的眼镜。但可以肯定的是，社会理论领域存在类似的情况。人类学家好将自己所做之事称为“深描”，但实际上，再优秀的民族志描述，最多也只能捕捉到任何特定的努尔人争端或巴厘岛斗鸡中实际发生之事的 2%。依托于民族志描述的理论工作通常又只会聚焦那 2% 当中的一小部分，从无限盘根错节的人类境遇中抽取那么一两条线索，并在它们的基础上做泛化，比如概述社会冲突的动态关系、绩效的本质或阶序的原则。

我并不打算指责这种简化的理论。相反，我相信如果一个人想发表一些关于世界的全新见解，那么做一些这样的处理是有必要的。

想想结构分析吧。20 世纪七八十年代，该研究方法在克洛德·列维–斯特劳斯（Claude Lévi–Strauss）这样的人类学家或让–皮埃尔·韦尔南（Jean–Pierre Vernant）这样的古典学家的引领下风靡一时。一如学术潮流的一贯走向，结构分析在目前看来完全过时了，人类学学生大都认为列维–斯特劳斯的作品含糊又荒谬。这在我看来实属不幸。

诚然，结构主义声称自己是一种关于思想、语言和社会之本质的单一宏大理论，认为它提供了解开人类文化所有奥秘的钥匙，在这点上它的确荒谬，也理应被抛弃。但结构分析不是一种理论，而是一种技术，这种技术也被大多数人一并丢出窗外，使我们痛失最精巧的工具之一。因为结构分析的可贵之处在于提供了一种几乎万无一失的技术，可用于做任何优秀理论该做的事：对复杂材料进行简化和纲要化，以便道明出人意料的东西。顺便一提，我在前几段里关于韦伯和官僚英雄的观点就是这么来的。一切的缘起是我在耶鲁大学的一场研讨会上尝试向学生们展示何为结构分析。

当时我解释道，结构分析的基本原理在于，一个符号系统中的各个术语不是孤立存在的，所以重点不是思考它们“代表”什么，定义它们的是彼此之间的关系。你得先界定一个范围，然后在其中寻找彼此呈系统性对立的元素。以吸血鬼为例。首先，你要给它们定位：吸血鬼是美国恐怖片中的常用形象。美国恐怖片有一套自己的宇宙观，自成一个宇宙。接着你要问了：在这个宇宙中，与吸血鬼对立的是什么？答案显而易见。吸血鬼的对立项是狼人。在一个层面上它们具有共性：都是可以咬你的怪物，而且会通过咬你把你变成同类。在大多数其他层面，二者恰好是反转的。吸血鬼很富有，在典型情况下是贵族；狼人总是很穷。吸血鬼的活动空间很固定，有自己的城堡或地下室，白天必须躲在里面；狼人通常是无家可归的流浪汉、旅行者或逃犯。吸血鬼控制其他生物（蝙蝠、狼、被其催眠或奴役的人），狼人连自己也无法控制。然而——这也是本案例中一锤定音的一点——二者都只能通过对自身的否定来毁灭：吸血鬼的克星是木桩，就是农民用来造栅栏的那种被草草削尖的棍子；狼人的克星是银子弹，这东西可以说就是由金钱本身打造的。

通过观察这些反转对立，我们得以把握这些符号的真正含义：例如，吸血鬼未必就关乎死亡或恐惧，而是关乎权力；关乎支配关系中往往会产生的那种既吸引又排斥的双重感受。

显然，这是个极简的例子。我所描述的只是第一步，通常还有一系列更复杂的后续步骤：反转之反转、中介项、阶序含括的层次……在此没必要深入。我想表达的是，即便只迈出这第一步，我们基本上也能发现一些他人意想不到的东西。这种彻底简化现实的方法带来的洞察，是试图原样把握世界复杂面貌的人永远也无法获得的。

我常用上面那个例子向学生解释结构分析，广受学生欢迎。有一回，我建议大家集体尝试另做一个分析，围绕某个类似的流行文化人物，有人提议选詹姆斯·邦德（James Bond）。

我觉得不无道理：詹姆斯·邦德显然是某种传奇人物。但在传奇人物中，谁是他的对立项呢？答案很快便水落石出。詹姆斯·邦德是对夏洛克·福尔摩斯的结构反转。二者都是常驻伦敦的犯罪斗士，都以自己的方式永葆青春形象，甚至都有点反社会，但除此之外，他们几乎处处对立：

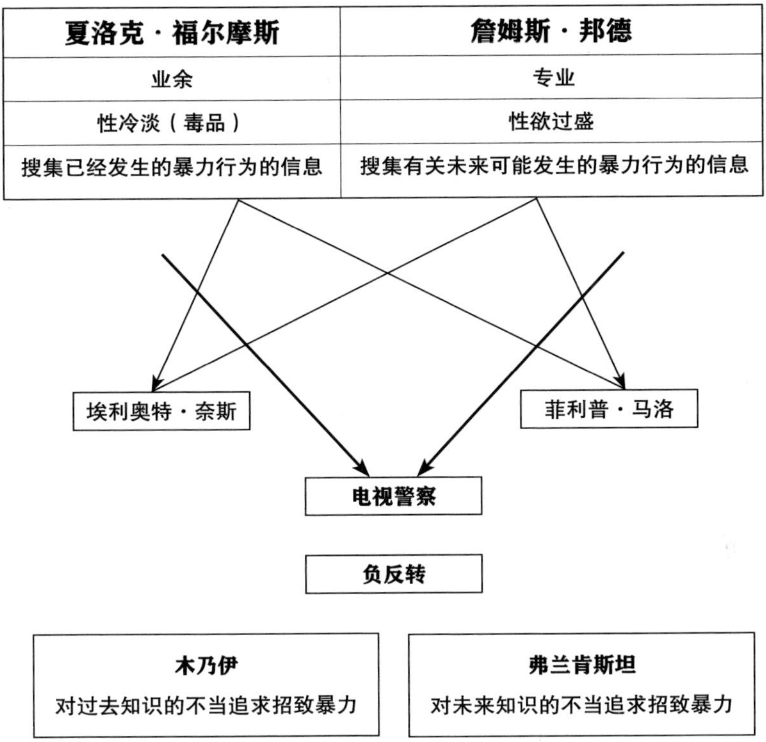

福尔摩斯是个性冷淡，但喜欢可卡因和鸦片；邦德性欲过盛，但对毒品不感兴趣，只对烈酒情有独钟。福尔摩斯是个业余人士；邦德是典型的专业人士，似乎根本没有工作之外的生活。然而，福尔摩斯这位业余人士表现出了近乎超自然的有素训练和高超技能，远超苏格兰场的专业人士；而专业人士邦德却成天心猿意马、暴露身份、遭人俘虏，或违抗顶头上司的直接命令。[27]

不过，所有这些铺垫只为那个关键反转，即他们实际是**做**什么的：福尔摩斯搜集的信息涉及本国内部已经发生的暴力行为，而詹姆斯·邦德搜集的信息涉及国外未来可能发生的暴力行为。

在圈定范围的过程中我才意识到，这里的一切都是围绕信息和暴力之间的关系组织起来的，而位于福尔摩斯和詹姆斯·邦德之间的就是典型的官僚制个人魅力型英雄。好莱坞自 20 世纪 60 年代以来推出的上百部“打破一切规则的痞子警察”电影中的主角，或是电视上经典的警察形象，显然都是上述两个人物的某种综合：身处官僚秩序之中又不断破格的犯罪斗士，而这正是他们的全部意义和实质所在。[28]

* * *

有人可能会提出异议，说这些简化了原本更丰富、更复杂、更微妙的流行文化传统。说得太对了。关键就在这里。这样的结构分析发挥出了简化的价值。在我个人看来，列维–斯特劳斯也是某种英雄式人物，以纯粹的智识之勇去尽可能地追随一些简单原理，不论它们有时会将他引向多么荒诞不经或大谬不然的结果（俄狄浦斯的故事真正的重点在于眼和足，一切社会组织都只是交换女人的系统）——或者你也可以说，不论这样去解读现实有多么暴力。因为这是一种卓有成效的暴力。而且没人真的因此受伤。

如果简化仅仅停留在理论范围内，那么我会说，它未必是某种形式的愚蠢；它可谓某种形式的智慧，甚至堪称才华。问题出现在暴力不再是隐喻的那一刻。现在，让我从想象中的警察说回真实的警察。吉姆·库珀（Jim Cooper）在成为社会学家之前，曾是洛杉矶警察局（LAPD）的警官。[29] 他观察到，绝大多数遭到警察的殴打或其他虐待的人，最后都被证明是无辜的。“警察不揍窃贼。”他写道。他解释说原因很简单：最有可能激起警察暴力反应的一件事，就是挑战他们“定义局势”（库珀语）的权利。也就是说出“不，这儿没有什么犯罪，只有一个付你薪水的公民在遛狗，所以走开”，更别提每每惹祸上身的“慢着，你们为什么把那家伙铐起来？他什么也没干”！最容易招致殴打的就是“顶嘴”，那意味着挑战了警察应用某条行政规则（人群守没守秩序？车辆是否合规登记？）做出的自由裁决。警棍恰如其分地结合了国家的官僚制原则（强制推行简单的行政纲要）和国家对强制力的垄断。如此便不难理解，官僚暴力的头等要务是攻击那些力主其他纲要或力持其他解释的人。与此同时，如果你接受让·皮亚杰（Jean Piaget）对成熟智力的著名定义，即有能力协调多个视角（或可能的视角），你就会明白，官僚权力在化身暴力的那一刻便成了一种不折不扣的婴儿式愚蠢。

这番分析无疑也是一种简化，但它卓有成效。下面我会尝试展示其成效，运用这些洞察去理解在一个以官僚制为基础的社会中可能出现的政治类型。

* * *

到目前为止，本文的核心论点之一是结构性暴力创造了一边倒的想象性结构。处于最底层的人必须耗费大量想象力来尝试理解周遭的社会动态关系，包括必须想象顶层人的视角；而后者可以我行我素，对身边发生之事几乎不加思考。也就是说，无权者最终不仅承担了大部分维持社会运转的实际体力劳动，同时还承担了大部分的阐释性劳动。

这大抵是遭遇系统性不平等时的普遍情况。把它放到古代印度或中古时代的中国成立，放到今天的任何地方也成立。只要结构性不平等还存在，它大概会一直成立。然而，我们的官僚文明引入了另一个因素。我已经指出，与其说官僚制本身是愚蠢的某种形式，不如说它们是组织愚蠢的方式；它们所管理的关系已然明确呈现出极端不平等的想象性结构，在背后保驾护航的是结构性暴力。故此，官僚制即使脱胎于良善的初衷，也还是会制造荒谬。这就回到了我为什么要以那段经历作为本文的开篇。我没有理由认定在我母亲的授权书闹剧中有谁（哪怕是银行经理）是不怀好意的。可即便如此，最后迎来的还是荒谬和明显没完没了的踢皮球。

为什么会这样？因为即便是最良善的官僚制，采纳的其实也只是掌权者典型的那种高度纲要化、简化且狭隘的视角，所以它们只能成为限制那种权力或改善其严重恶果的方式。毋庸置疑，这种路线下的官僚干预为世界带来了巨大的好处。欧洲社会福利国家提供的免费教育和全民医疗保障，理当被视作人类文明最伟大的成就，这也是皮埃尔·布迪厄（Pierre Bourdieu）对它的评价。但与此同时，它处处表现出掌权者典型的那种有意为之的盲目，并将其冠以科学权威之名。例如，它所假定的工作、家庭、邻里、知识、健康、幸福或成功的意义，与穷人或工人阶级的实际生活基本脱节，与他们自身理解的意义更是南辕北辙。因此它注定要崩溃。而事实确实如此。这种盲目性造成了普遍的不安，哪怕对其最大的受益者而言也是如此，右派因而得以煽动民意支持他们的政策，导致20世纪80年代起实施的项目无论多有成效也毁于一旦。

这种不安是如何表达出来的？它很大程度上表现为对官僚权威的一种感受，认为它本质上代表着对人类想象力的镇压。放眼全球范围内的青年起义，从亚洲到墨西哥再到美国纽约，最后以1968年法国巴黎的“五月风暴”为高潮。在这些起义中，首先都是对官僚权威的反抗，抗议者都认为官僚权威从根本上压抑了人的精神、创造力、友善和想象力。刷在索邦大学墙上的著名口号“一切权力归于想象力”（All power to the imagination）自那时起便经久不衰，一遍遍出现在海报、徽章、传单、宣言、电影和歌词里，这多半是因为它似乎表达了某种根本性的东西，不仅关乎60年代的反叛精神，也关乎后来被称为“左派”的本质。

这点很重要。实际上，再没比这更重要的了。因为我认为，1968年发生的事暴露了左派思想自确立之初就存在的内在矛盾，这一矛盾只有当其取得史无前例的成功时才会彻底暴露出来。我在本书的导论中指出，当代左派缺少一套连贯一致的对官僚制的批判。但如果真的追本溯源，上溯到法国大革命前后政治光谱被划分为左翼和右翼，那么显而易见，左派的本质**就是**对官僚制的批判，哪怕它在实践中一次次被迫去适应它最初挺身反抗的那种官僚架构和思维定式。[30]

从这个意义上，当前的左派无法提出一个真正能与昔日的左派理念形成对话的对官僚的批判理论，这无异于左派本身的式微。没有这样的批判，激进思想就成了无本之木，溃散为碎片化的抗议和要求。

似乎每当左派决定走安全、“现实”的路线时，它只会让自己越陷越深。为了理解这是怎么发生的，更为了理解对此我们能做些什么，我认为有必要重新审视一些非常基本的假设：首先要谈的就是，说一个人是“现实的”意味着什么。

现实点：要求不可能之事。（Be realistic：demand the impossible.）

（另一条1968年的口号）

到目前为止，我一直在探讨结构性暴力如何创造一边倒的想象性结构，官僚制何以成为对这种局面的管理方式，以及势必随之而来的结构性盲目和愚蠢。再好的官僚程序，也不过是以蠢制蠢的方式。

为何挑战这类结构的运动往往到头来反而创造出官僚制？这通常出于某种妥协。你必须现实点，不能要求太多。福利国家改革似乎比要求全面的财富分配要更现实，作为“过渡”阶段的国家社会主义似乎比立刻放权给以民主方式组织起来的工人委员会要更现实。但这带出了另一个问题。当我们谈论“现实”时，我们指的究竟是什么现实？

此处，我觉得我曾参与的一个行动团体中发生的一件逸事可能会提供一些启发。

从2000年初到2002年末，我一直在与纽约直接行动网络（New York Direct Action Network，简称DAN）共事。当时，全球正义运动在纽约市的大规模行动主要由该团体负责组织。我称之为“团体”，但严格来讲 DAN 不是一个团体，而是一个去中心化网络，通过一种周详但行之有效的共识达成过程，在直接民主的原则下运作。它在创建新型组织形式的不懈努力中起到了核心作用。DAN 存在于纯粹的政治空间中。它没有可供管理的具象资源，甚至没有一个像样的资金库。

后来有一天，有人给了 DAN 一辆车。

DAN 之车引发了一场不太严重但经久不息的危机。我们很快发现，在法律上，去中心化网络不可能拥有一辆汽车。汽车的所有权可以归属个人、公司（虚构的个人）或政府，但不可能归属网络。除非我们愿意注册成为一家非营利组织（可能需要完全重组，并摒弃大部分平等主义原则），否则唯一的权宜之计就是找个志愿者做车子的合法所有者。但那人后续必须对所有的待缴罚款和保险费用负责，还得提供书面许可才能让别人把车开出州。当然，如果车被扣押，只有他才能取回。确实有一位勇敢的活动者同意承担这份责任，但结果是，每周的会议都充斥着大量关于他近期面临的法律问题的报告。没过多久，DAN 之车就成了我们无止境的磨难之源，以致我们决定组织一次募捐，为它开一场盛大的派对，任何人只要付 5 美元就可以用我们提供的大榔头向这玩意儿砸上一锤。

这桩逸事让我印象深刻。为何像 DAN 这样以社会民主化为目标的项目，常常被视作一撞上坚固的物质现实就烟消云散的空想？至少在我们这个案例中，症结不在于效率低下：全国各地的警察局长都称我们是他们对付过的最有组织的力量。在我看来，现实效应（如果可以这样叫它）事实上源于，激进的项目一旦进入满是大型重型实物

（诸如建筑物、汽车、拖拉机、船舶、工业机械）的世界，往往就会破产，或至少变得举步维艰。不是因为这些实物本质上无法以民主方式管理——历史上多的是成功对公共资源进行民主管理的社群——而是因为它们就像DAN之车一样，被无休止的政府监管所包围，实际上根本躲不过全副武装的政府代理人。在美国，我见证了无数这样的困境。一次占屋行动（squat）在长期争取之后终于合法了；突然来了一群建筑评估师，宣称要花1万美元的费用维修才能使其符合规范。于是组织者不得不在接下来的几年时间组织烘焙义卖和募捐活动。这意味着要创建银行账户，进而意味着要遵循法律规定中任何接收资金或与政府打交道的团体应有的组织方式（同前例，**不能**作为一个平等主义的集体）。所有这些规定都是借助暴力来执行的。诚然，在日常生活中，警察很少挥着警棍去落实建筑规范，但是，正如无政府主义者因其特有的位置而往往会发现的，如果一个人假装国家及其法规不存在，那么最终就会发生上述情况。警棍越难得一见，暴力就越难被发现。这反过来使得所有这些规定——几乎总是假定正常的人际关系是由市场调节的，正常的团体是通过内部的阶序关系和指挥关系组织起来的——的效力似乎不是来自政府对武力的垄断，而是来自那些实物本身的巨大、坚固与沉重。

当一个人被要求“现实”一点时，通常他被要求承认的现实不是某个自然的、客观存在的事实，也不是某些所谓人性的丑陋真相。“现实”一点，通常意味着充分重视系统性暴力威胁的效力。这种可能性甚至贯穿在我们的语言中。例如，为什么建筑物被称作“不动产”

（real property 或 real estate）？此处“real”的用法并非源自拉丁文中的 *res*，即“物”，而是源自西班牙文中的 real，意思是“王家的”“属于国王的”。某个主权领土内的所有土地最终都归属主权者，这在今天的法律意义上仍然成立。国家因此有权强制推行其规定。但归根结底，主权实质上是对被委婉称作“武力”的暴力的垄断。援引意大利哲学家吉奥乔·阿甘本（Giorgio Agamben）的观点，从主权者的视角看，某物之所以活着是因为你能杀死它，不动产之所以叫“real”是因为国家可以占有或摧毁它。

同样，当人们以“现实主义”立场看待国际关系时，会假定各国为了追求各自的国家利益，不惜动用包括武力在内的一切可用的能力。此处人们承认的是怎样的“现实”？当然不是物质现实。认为国家是具有目的和利益的类人实体，这完全是形而上的。法国国王有目的和利益。“法国”没有。这之所以看似“现实”，仅仅是因为那些民族国家的执掌者有权召集军队、发动侵略和轰炸城市，除此之外，还能借所谓“国家利益”之名，威胁使用有组织的暴力——无视这样的可能性就太愚蠢了。国家利益之所以真实是因为它们可以杀死你。

此处的关键词是“武力”，用法如“国家对使用强制性武力的垄断”。每当这个词在耳畔响起，我们会发现一种政治本体论摆到了面前，其中毁灭、给他人造成痛苦，抑或是威胁要损伤、摧残或摧毁他人的身体（或只是把他们关在狭小的房间里度过余生）的力量，被视作社会意义上的宇宙驱动能量。如果你愿意，可以思考一下使以下两个造句得以成立的那些隐喻和置换：

科学家研究物理定律的本质，以便了解支配宇宙的力量。

警察是科学运用武力的专家，以便执行支配社会的法律。

在我看来，这就是右翼思想的本质：一种政治本体论，通过如此巧妙的方式让暴力来定义社会存在和常识的参数。[31]

所以我才说，左派根源上的灵感始终是反官僚制的。因为它的立身之本始终是一套不同的关于何为终极现实（意即何为政治存在之根基）的假设。很显然，左派不否认暴力的现实。许多左派理论家对此多有思考。但他们并不倾向于赋予它同等的根基地位。相反，我认为左派思想的根基是我所谓的“想象的政治本体论”（political ontology of the imagination，尽管也可以称其为创造或制造或发明的本体论，可能差不离）。今时今日，我们中的大多数人往往认为这一倾向呼应了马克思的遗产，呼应了他对社会革命和物质生产力的强调。马克思归根结底只是他那个时代的人，他的术语来自更广泛的关于价值、劳动，以及彼时在激进圈子中盛行的那种创造，无论是工人运动，还是他在巴黎和伦敦时周遭涌现的各种浪漫主义和波希米亚式生活。马克思本人虽鄙夷那个时代的空想社会主义者，但他从未停止坚持认为，人与动物的区别在于建筑师（不同于蜜蜂）会首先在想象中搭建他们的建筑物。对马克思来说，人类的独有属性就是他们要先设想事物，再将它们变为现实。这便是他称作“生产”的过程。

大约在同一时间，像圣西门（St. Simon）这样的空想社会主义者认为，艺术家应当成为社会新秩序的“先锋”（avant-garde），并勾勒出了一幅以当时的工业能力可以实现的宏伟愿景。这个在当时似乎只是臆想的古怪小册子，很快成了一个松散不定却显然延续至今的联盟的宪章。如果说从那时起，艺术先锋派和社会革命者之间就有了一种不寻常的惺惺相惜，彼此借鉴语言和思想，那么可以说他们似乎都坚信一点，即这个世界背后隐藏的终极真相在于它是由我们创造出来的，而我们很容易将它改造成不同的模样。在这个意义上，“一切权力归于想象力”道出了左派的精髓。

那么，从左派的视角看，人类生活背后隐藏的现实是，这个世界并非自发形成的。尽管我们惯常看待世界的方式仿佛它是一种自然事实，但它并不是；它的存在缘于我们集体的生产创造。我们凭喜好想象事物，然后将其变为现实。可一旦你开始用这套术语进行思考，就会明显发现哪里不对劲。因为倘若人们可以凭喜好想象出任何世界，进而将其变为现实，那么谁会创造一个像现在这样的世界呢？[32] 或许马克思主义哲学家约翰·霍洛威（John Holloway）以最纯粹的方式表达出了左派的体察。霍洛威曾打算将一本书命名为“停止制造资本主义”。[33] 他指出，资本主义不是某种外力加诸我们的东西。它之所以存在，是因为我们每天一睁眼就开始生产它，日日如此。如果哪天我们一觉醒来，集体决定生产别的什么东西，那资本主义将不复存在。这就引出了终极的革命性问题：需要具备什么条件，才能让我们一觉醒来后去想象和生产别的东西？

针对这种对创造力和生产力的强调，右派通常的回应是革命者系统性地忽视了诸如国家、军队、刽子手、蛮族入侵、罪犯、暴民之类的“破坏手段”（means of destruction）的社会和历史重要性。他们认为，假装这些东西不存在，或认为仅凭意愿就能将它们消除，结果必然导致左翼政权实际制造出更多的死亡和破坏，而采取更“现实”手段的明智政权则不至于此。

这显然是一种简化，可以举出无数限制其生效的条件。例如，马克思时代的资产阶级有一种极其生产主义的哲学——这也是让马克思将资产阶级视作一股革命力量的原因之一。右派元素与艺术理想交织在一起。而20世纪的一些马克思主义政权通常在实质上接受了右翼的权力理论，只是在口头上承认生产的决定性本质。另外，这些政权执着于监禁那些作品对其构成威胁的诗人和剧作家，反映出它们深信艺术和创造力改变世界的力量。至于那些存续的资本主义政权则很少费心于此，它们确信只要牢牢掌握了生产资料（当然，还有军队和警察），其余问题自会迎刃而解。

* * *

之所以很难全面把握“想象”，原因之一在于这个词有太多可能的含义。在大多数现代定义中，想象与现实相对立；“想象”的事物首先是不存在的事物。抽象地谈论想象可能会引起极大的迷惑，因为“想象”给人的直观感觉可能更像是斯宾塞（Spenser）的《仙后》（*Faerie Queene*），而不是一群赶在老板出现前绞尽脑汁安抚7号桌那对情侣的服务员。

尽管如此，这种思考想象的方式是相对晚近的，并与更古老的方式持续共存。例如，在古代和中世纪的普遍概念中，我们如今所说的“想象”并不被视为现实本身的对立面，而是某种中间地带，是一个联结物质现实和理性灵魂的过渡区域（zone of passage）。对于那些认为理性本质上是上帝的一种呈现的人而言尤为如此，他们认为思想因此参与了某种神性，而与物质现实并无关联，事实上可谓彻底与之疏离。（这成了中世纪基督教观念中的主流。）这样一来，理性思维要怎样才能从自然中获取感官印象呢？

解决方案是提出一种中介实体“灵”（pneuma），其质地类同恒星。它是某种循环系统，对物质世界的感知在当中通行，其间被注入情感，并与各种幻想混合，直到理性思维把握它们的意义。意图与欲念朝相反的方向运动，在想象之中循环，随后在世上得到实现。实际上，只有在笛卡儿之后，“想象”一词才明确被用于说明任何不真实的事物：想象的生物、想象的地方（纳尼亚、遥远星系的行星、祭司王约翰的王国）、想象的朋友。照此定义，“想象的政治本体论”只能构成语义矛盾。想象不可能是现实的基础。就定义而言，它是我们可以思考，但在现实中不存在的东西。

我会把后一种关于想象的概念称为“超验的想象概念”，因为它的模型似乎是小说或其他虚构作品，其中创造的想象的世界，任人阅读多少次大抵都会保持原样。想象的生物——精灵或独角兽或电视里的警察——不受现实世界的影响。它们不可能被影响，因为它们不存在。相比之下，我一直在本文中阐发的那种“想象”更贴近旧式的、内在的概念。重中之重在于，它不是静态的、悬浮的，而是完全卷入旨在对物质世界产生真实影响的行动项目中。无论是制作一把刀或一件珠宝，还是尽力确保不要伤害一个朋友的感情，都是这个道理。

正是在18世纪中后期，在工业资本主义、现代官僚社会和政治上的左右分立起源之时，新式的、超验的想象概念才真正脱颖而出。尤其是对浪漫主义者而言，想象取代了灵魂曾经的位置；它不是理性灵魂和物质现实之间的中介，它**就是**灵魂，而灵魂是超越任何理性的存在。不难看出，一个由办公室、工厂、理性管理构成的非人格化的官僚秩序的问世也会带来这种想法。但考虑到想象成了一个剩余范畴（residual category），也就是被新秩序完全排斥在外，它也不算是纯粹超验的；事实上，它必然会成为我前文称作超验和内在的两类原则的某种离奇结合。一方面，想象被视作艺术及一切创造的源泉。另一方面，它是人类共情的基础，因而也是道德的基础。[34]

250多年过去了，我们最好着手梳理这团乱麻。

因为说实话，这事关重大。为了对此有个感性认知，让我们短暂回顾一下1968年的那条口号："一切权力归于想象力。"这里的想象指的是什么？如果将其理解为超验的想象，即一种强加某种预制的乌托邦愿景的尝试，其后果可能是灾难性的。从历史上看，这通常意味着创建一些庞大的官僚制度，意图通过暴力强推这种乌托邦愿景。世界级的暴行很可能随之而至。另外，在革命局势下，人们可能会以同样的理由辩称，如果不完全赋权给另一种内在的想象，即普通的厨师、护士、机械师和园丁那种切实的、常识性的想象，那么最终很可能招致同样的后果。

关于想象的不同概念混杂而造成的这种迷惑，贯穿了左派思想史。

从马克思身上看得出这种张力。他的革命方法中存在一个奇怪的悖论。我前面提到过，马克思认定，人之为人的原因是我们不像蜘蛛或蜜蜂那样依赖无意识的本能，而是首先在我们的想象中建立结构，再尝试去落实那些构想。蜘蛛结网是在凭本能行动。建筑师要先制定方案，才能着手为其大厦奠基。马克思认为这一点适用于所有的物质生产，无论是修桥还是制鞋。可当马克思谈到社会创造时，他举的主要例子总是革命（实际上这是他论及的唯一一种社会创造），而一到这种时候，他就会突然改弦易辙。事实上，他推翻了自己。革命者永远不该像建筑师那样行事；他不应该先制定一个理想社会的方案，再考虑要怎么落实它。那就成了空想主义。而马克思对空想主义极尽鄙夷。与那相反，革命是无产阶级切切实实的内在实践，它最终会以我们目前无法想象的方式结出果实。

为何会有这种差异？我能想到最宽容的解释是，马克思至少在某种直觉层面上确实明白，想象的作用方式在物质生产领域和在社会关系中有所不同；但他同样明白，自己缺乏合适的理论来解释个中原因。或许因为写作时间在 19 世纪中叶，远在女性主义兴起之前，他只是缺乏智识工具。[35] 考虑到本文前面的概述，我认为我们可以确认这一情况属实。用马克思自己的术语来说：在两个领域里都可以谈异化，但异化的作用方式截然不同。

回顾一下到目前为止的论点：结构性不平等总是造就我所谓的

“一边倒的想象性结构”，即最终承担了大部分想象劳动的人和其他免于此种劳动的人之间的阶级划分。然而，就这方面来说，马克思着力研究的工厂生产领域显得相当不同寻常。在这类极少数的情况下，支配阶级最终承担了更多而不是更少的想象劳动。

创造和欲望——常被我们概括为政治经济学术语“生产”和“消费”——本质上是想象的载体。不平等和支配的结构——亦可称之为结构性暴力——倾向于扭曲想象。结构性暴力可能造成的局面是把劳动者束缚在麻木、无聊和机械的工作上，仅允许少数精英投身想象劳动，导致工人感到自己的劳动被异化了，他们的成就属于别人。它还可能造成的社会局面是，国王、政客、名流或总裁自在光鲜，不顾周遭的一切，而他们的妻子、用人、员工和顾问终日从事想象劳动，好确保他们一直沉浸在自己的幻想里。我怀疑大多数不平等局面都兼具这两个要素。

生活在这种一边倒的想象性结构中的主观体验，即由此而来的对想象的歪曲和破坏，就是我们所谈论的“异化”。

马克思所属的政治经济学传统倾向于将现代社会中的工作划分为两个领域：雇佣劳动，其范式始终是工厂；家务劳动（家务活、育儿），很大程度上划归女性。前者主要被视作创造和维持物理对象的问题，后者可能充其量算是创造和维持人与社会关系的问题。这种区隔显然有点讽刺：从来不存在一个大多数男人都是工厂工人、大多数女人只是家庭主妇的社会，哪怕是恩格斯笔下的曼彻斯特或雨果笔下的巴黎。可这仍然构成了我们今日思考此类问题的框架。这也直指马克思理论的问题根源。在工业领域，通常是上位者包揽了更富于想象力的工作（例如设计产品和组织生产），而当社会生产领域出现不平等时，最终是下位者主要承担了运用想象力的工作，尤其是大量维持生活正常运转的“阐释性劳动”。[36]

* * *

至此我已提出，官僚程序虽然具备让聪明之人行白痴之举的特异本领，但它们本身并不算是愚蠢的表现形式，因为它们是对结构性暴力造就的已然愚蠢的局面进行管理的方式。由此，这些程序共享了其管理对象的盲目和愚蠢。在最好的情况下，它们成了以蠢制蠢的手段，差不多与暴力革命同理。但打着公平和正派之名的愚蠢仍然是愚蠢，就像打着人类解放之名的暴力仍然是暴力。两者似乎经常一同出现，这绝非巧合。

因此，在20世纪大部分时间里，革命的大难题始终是：怎样才能在彻底改变社会的同时避免带来新的暴力的官僚制度？想象一个更美好的世界再尝试将其变为现实的乌托邦主义是问题所在吗？还是说它恰恰体现了社会理论的某种本质？我们该因此放弃社会理论吗？还是说革命这一概念本身存在根本缺陷？

自20世纪60年代起，一种常见的解决方案是先把眼光放低。在“五月风暴”之前的那些年里，情境主义者有一个著名的主张，认为可行的做法是通过创造性颠覆行动破坏他们所谓的“景观”（the Spectacle）的逻辑，正是该逻辑使我们沦为被动的消费者。通过这些行为，我们至少可以暂时夺回我们的想象力。同时，他们也觉得所有这类行为都是小规模预演，为的是那必将到来的大起义时刻，准确来说，是那场终极革命。这种思路在今天基本已成过去式。要说 1968 年 5 月的事件表明了什么，那就是如果不以夺取国家政权为目标，就不可能毕其功于一役。故此，在大多数当代革命者中，这种千禧年主义要素已被抛弃殆尽。没人认为改天换地的时刻随时会来临。不过有一点值得欣慰：人们由此意识到，一个人的确有可能体验到真正的革命性自由，所以他可以即刻开始这种体验。想一想下面这段“思想罪集体”（Crimethinc collective）的宣言，这群人可能是在今天践行情境主义传统的最振奋人心的年轻无政府主义宣传者：

> 为了获得自由，我们必须在既存现实的外壳上凿出窟窿，锻造新的现实，而它也将反过来塑造我们。不断置身于新的情境之中，唯有如此才能确保你在做决定时摆脱习惯、习俗、法律或偏见的惯性——而这些情境要靠你去创造。
>
> 自由只存在于革命时刻。而那些时刻并没有你想象中那么罕见。改变，革命性的改变，正每时每刻、无处不在地发生——人人都是参与者，无论是否有意识。

执意表现得仿佛已经获得了自由——这除了作为直接行动逻辑的优美宣言之外，还能算什么？[37] 明摆着的问题在于这种方法对总体战略有何贡献；总体战略应当引领的或许不是一时一刻的革命救赎，而是朝着没有国家和资本主义的世界步步迈进。在这一点上，谁也没有定论。大多数人假定，这一进程只能由无穷无尽的即兴构成。起义时刻肯定会出现。很可能还会出现不少次。但它们大概率是一个更复杂和更多面的革命进程中的一环，而在当下，很难预先勾勒出这个进程的全貌。

回头看来，旧日的这种假设似乎幼稚得惊人：人们假定单凭一场起义或一场成功的内战就能消除整台结构性暴力机器，至少是在某个特定国家的领土内——在该领土内，右翼的现实轻易就能被一扫而空，腾出空间让革命的创造力肆意挥洒。但真正令人费解的是，这在人类历史的某些时刻确确实实上演过。在我看来，要想有任何可能把握住新兴的革命概念，我们就需要重新思考这些起义时刻的性质。

这种起义剧变有一个最引人注目之处，它们似乎是突然间爆发的——通常又以同样迅疾的速度消失。同一批“公众”（public）怎么能在巴黎公社或西班牙内战前两个月还投票给相当温和的社会民主政权，转过头来就不惜生命地支持起那些实际只收获了零星选票的极端激进分子？或者，说回 1968 年 5 月，那些似乎支持或至少强烈同情学生或工人起义的公众，怎么能做到几乎转头就回投票站选出了一届右翼政府？最常见的史学解释认为，革命者并没有真正代表公众或其利益，但部分公众可能陷入了某种非理性的狂热。这样的解释明显是不充分的。首要的一点是，他们假设“公众”是一个具有观点、利益和效忠对象的实体，能够在长时间内保持相对一致。而事实上，我们挂在嘴边的“公众”是被创造出来的，通过仅允许特定的行动形式的特定机构而产生。特定的行动形式包括接受民意调查、看电视、投票、签署请愿书、致信当选官员或参加公开听证会。这些行动框架里就暗含了某些谈话、思考、论辩和议事的方式。同一批“公众”可能既普遍沉迷于消遣性药物，又坚持投票将其非法化；同一群公民如果以议会制、计算机公投制度或一连串公共集会等不同的形式组织起来，他们对攸关本社群的问题做出的决策也会大不相同。事实上，整个再造直接民主的无政府主义项目都以这样的假设作为前提。

为了更好地理解我的意思，想想在英语国家里，同一群人可以在一种语境下被称为“公众”，又在另一种语境下被称为“劳动力”（workforce）。当他们从事不同类型的活动时，自然就成了“劳动力”。“公众”是不工作的——报纸杂志上绝不会出现“大多数美国公众在服务行业工作”这样的句子，如果哪个记者试图这样写，肯定会被编辑改成其他措辞。这点格外奇怪，因为公众显然**必须**去上班：所以才会出现左派批评者经常抱怨的这种情况，即媒体总是大谈交通罢工可能给公众通勤造成怎样的不便，却从来不会想到罢工者本身就是公众的一部分，或者如果罢工者成功提高了工资水平将造福公众。当然了，“公众”是不会走上街头的。其角色是公共景观的观众和公共服务的消费者。当购买或使用私人提供的产品或服务时，同样的个人集合又变成了其他东西（“消费者”），就像在其他行动背景下，他们被重新贴上“国民”“选民”“人口”的标签那样。

所有这些实体都是官僚制和制度化实践的产物，而它们反过来又界定了人们视野中的可能性。因此，在国会选举中投票时，人们可能会感到有义务做出“现实”的选择；在起义的情境下则另当别论，突然间，似乎一切皆有可能。

“公众”、“劳动力”、“选民”、“消费者”和“人口”的共同点是都出自制度化的行动框架，那些框架内在的官僚属性带来了极深的异化倾向。投票站、电视荧幕、办公室隔间、医院，以及围绕它们的仪式——或许你可以说，这些就是异化人的机器所在。它们是粉碎人类想象力的工具。起义时刻就是令官僚架构停摆的时刻。这样做似乎总能打开视野，使人看到更多可能性，这也在意料之中，毕竟那套官僚架构的日常工作就是将有限的视野强加于人。［或许这也佐证了丽贝卡·索尔尼特（Rebecca Solnit）的动人观察，即人们经常在自然灾害中获得极为类似的体验。[38]］这一切可以解释为什么革命时刻似乎总是伴随着社会、艺术和思想创造的涌现。通常情况是，不平等的想象性认同结构被打破了；每个人都在尝试从陌生的角度去看世界；每个人都感到自己不仅有权力，而且有迫切的实际需要去重新创造和重新想象周遭的一切。

当然，问题是如何确保经历过这些的人不会立刻重聚在新的旗号下（人民、无产阶级、群众、民族国家、乌玛，还是其他什么），然后放任它围绕自身建立起一套新的制度法规和官僚架构，并不可避免地委托新型警察去执行。其实我认为，针对这个问题已经有了一些进展。这在很大程度上要归功于女性主义。至少从20世纪70年代起，那些寻求彻底变革的人就有意识地努力把关注点从千禧年主义梦想转向更迫在眉睫的问题，也就是怎样将那些“现实的外壳上凿出的窟窿”以非官僚化的方式组织起来，好让至少一部分的想象力长期维持下去。从1998年到2003年，全球正义运动在各大贸易峰会外围组织的大规模抵制盛典（Festival of Resistance）已经做到了；民主规划行动的过程中错综复杂的细节，甚至比行动本身还要重要。但更突出的例证是2011年希腊和西班牙的大型集会，还有美国的占领华尔街运动。这些同期上演的直接行动，当着权力的面示范了何为真正的民主实践，也试验了以切实可行的想象力为基础的真正的非官僚化社会秩序可能是什么样子。

* * *

在我看来，这就是在政治上可供参照的经验。如果人们抵制弥漫的结构性暴力造就的现实效应——官僚规则就像渗入了建筑、车辆、大型混凝土结构体等环伺我们的庞然重物中，带有了物体那般沉重和坚固的特质，让人感觉世界受这些原则的约束是自然而然、不可避免的，除此之外皆为虚无缥缈的幻想，对此加以抵制的话为想象赋权**就是**可能的。但这所需的工作量也是巨大的。

权力使人懒惰。至少前文中对结构性暴力的理论探讨揭示出的就是这一点：虽然掌握权力和特权的人总觉得那是可怕的责任重担，但在大多数时间和大多数情况下，权力意味的都是你**不必**担心什么、**不必**了解什么、**不必**做什么。官僚制可以把这种权力民主化，至少在一定程度上可以，但是无法摆脱它。它成了制度化懒惰的形式。革命性的改变可能关乎挣脱想象的枷锁，顿悟到不可能之事绝非不可能，由此感到狂喜，但这也意味着大多数人将不得不克服一部分根深蒂固的惰性，着手从事旷日持久的阐释性（想象性）劳动，好将那些新的现实贯彻下去。

过去 20 年里，我花了很多时间思考社会理论怎样能对这一进程有所贡献。正如我强调过的，社会理论本身可被视作一种激进的简化，一种有意的无知，像是戴上一副定制的有色眼镜，以便揭示常人无从得见的模式。

这样说来，我一直在尝试的就是戴上一副有色眼镜，以便看见另一副有色眼镜。所以本文才那样开篇，讲述我母亲的疾病和死亡如何被文书工作包围。我想让社会理论瞄准那些似乎对它最有敌意的地方。我们的生活中遍布着许多死区，其中缺乏任何深度阐释的可能，甚至排斥任何赋予它们价值或意义的尝试。一如我发现的，那里正是阐释性劳动不再起效的地方。无怪乎我们不愿谈论它们。它们排斥想象。但我同样相信，我们有责任去直面它们，因为若非如此，我们便可能成为造就它们的暴力的共谋。

我来解释一下这是什么意思。现有的社会理论有将暴力浪漫化的趋势：将暴力行为首先视作传递戏剧性信息的方式，是对绝对权力、净化和恐怖的象征符号的运用。现在，我并不是要说这完全不正确。在这种非常浅表的意义上，大多数暴力行为确实也是恐怖行为。但我也坚持认为，从这些最富戏剧性的层面切入暴力，很容易忽视这样一个事实：暴力及其造就的情境的一大显著特征就是非常无聊。在美国监狱这样暴力至极的场所，最恶毒的惩罚形式仅仅是将一个人关在一个空房间里长达数年且无所事事。像这样清空一切交流或意义的可能性，才是暴力及其所作所为的真正本质。不错，将某人单独关押起来确实是一种向他和其他犯人传递信息的方式。但该行为的主要内涵，在于扼杀传递任何更多信息的可能性。

当然可以说，主人鞭打奴隶是在进行一种有意义的交际行动，传达出对不容置疑的服从的需要，同时试图塑造一个可怖的、独断专权的虚构形象。这些都成立。但坚持认为这就是事情的全部，或者我们只需要谈论这些，那就是另一回事了。毕竟，如果我们不去进一步深究“不容置疑”实际意味着什么——主人始终不必理会奴隶对任何情境的理解；奴隶完全无从发声，哪怕意识到主人的逻辑存在有悖常理的严重缺陷；由此导致种种形式的盲目或愚蠢；这些迫使奴隶投入更多精力去理解和预判主人混乱的感知——那我们的工作再怎么微不足道，恐怕也与鞭子的性质无异。其作用并不真的在于让受害者开口。归根结底，它参与的是让受害者闭嘴的过程。

我以母亲和公证人的故事作为开头还有一个原因。我莫名其妙弄混签名的经历表明，这样的死区可以让**任何人**变蠢，至少是暂时变蠢。正因如此，我在立论之初实际上并未意识到，这些观点中有一大部分已经在女性主义立场论之下被阐发过了。由于该理论本身的边缘化处境，我对它只有些模糊的认识。这些疆域向我们展示出某种由盲目、无知和荒谬构成的官僚制迷宫，完全可以理解为何正派之人避之唯恐不及——事实上，迄今发现的最有效的政治解放策略恰恰就在于避开它们；但与此同时，假装它们不存在只会置我们于危险之中。

第二章

论飞行汽车与下降的利润率

当代现实是科幻梦想的测试版。

——理查德·巴布鲁克（Richard Barbrook）

在 21 世纪，一种隐秘的耻辱笼罩着我们所有人。似乎谁也不想承认。

它格外刺痛那些本应处于人生巅峰的四五十岁的人，但在更广的意义上，它影响着每一个人。那种感受的根源，是我们对生活于其间的世界的本质深感失望，感到它背弃了承诺——我们孩提时信以为真的关于成人世界应该是什么样子的郑重承诺。在这里，我指的不是标准的哄小孩的虚假承诺（世界是公平的，权威是善意的，或者努力就会有回报），而是非常特定的对一代人的承诺，尤其是对在 20 世纪 50 年代、60 年代、70 年代甚至 80 年代成长起来的孩子。那从来不算一个明明白白的承诺，而更像是一套关于我们成年后的世界将是什么样子的假设。由于它从未被明确承诺过，现在它明晃晃地落了空，徒留我们茫然困惑，在愤愤不平的同时，又为自己的愤怒感到难堪，羞于承认自己当初怎么就蠢到信了长辈的邪。

我指的当然就是赫然缺席 2015 年的——飞行汽车。

好吧，不只是飞行汽车。我其实不太关心飞行汽车，尤其考虑到我连车都不会开。我脑海中浮现的是任何成长于 20 世纪中后期的孩子以为到 2015 年会出现的所有技术奇迹。这个清单我们都熟：力场、瞬间移动、反重力场、三录仪（Tricorder）*、牵引波束（tractor beam）、长生不老药、休眠（suspended animation）、仿真机器人、火星殖民地。它们怎么样了？时不时就有人大肆宣传其中某一样即将成为现实，比如说克隆，或者冷冻剂、抗衰药、隐形斗篷。但就算事实证明那不是虚假承诺（通常情况下都是假的），它们也是漏洞百出。但凡指出其中一个的问题，遇到的回应大都是召唤出神通广大的计算机——你都有第二人生了，还要啥反重力雪橇？——仿佛这是什么超乎预期的补偿。可即便在这一项上，我们也远没有达成人们在 20 世纪 50 年代的设想。我们仍然没有可以与之展开有趣对话的计算机，也没有可以遛狗或叠衣服的机器人。

作为一个在阿波罗登月时年仅 8 岁的人，我清楚记得自己算过，待到神奇的 2000 年，我就 39 岁了，我也设想过那时候身边的世界将是什

* 一种手持式的多用途仪器，是科幻电影中星际旅行的常用工具，能够记录并处理数据、探测生命信号、扫描诊断设备故障，等等。——译者注

么样子。曾经的我当真料定自己会生活在一个充满上述奇迹的世界吗？还真是。人人都是。那么现在的我感到上当受骗了吗？绝对有。当然了，我并未指望在有生之年目睹科幻小说里的一切都变为现实（甚至认为我的寿命不会因新发现的长生不老药而延长几个世纪）。如果你问当时的我，我会猜大概有一半能成真。但我始料未及的是，自己一样也没看到。

长期以来，我一直对公众话语在这个问题上的缄默感到困惑和着迷。确实，互联网上偶尔也能看见对飞行汽车的抱怨，但那是私底下的，或者说非常边缘化。多数情况下，这似乎是个禁忌话题。就说千禧年之交吧，我原以为马上 40 岁的人会冲上大众媒体，反思曾经对 2000 年的期待，以及为何如此事与愿违。结果一个都没有。相反，无论左派右派，几乎所有权威声音做出的反思都基于这一假设：一个技术奇迹的世界实际上已经到来。

很大程度上，这份缄默缘于害怕被人耻笑为天真的傻瓜。可以肯定，一旦真的抛出这个问题，很可能会听到这样的回答："噢，你是说杰森家*的那堆玩意儿？"仿佛在说，那都是哄小孩的呀！当然了，身为成年人，我们应该明白《杰森一家》描绘的未来，真实程度差不多等于《摩登原始人》描绘的过去。可这个问题不只关乎《杰森一家》。所有 20 世纪 50 年代、60 年代、70 年代乃至 80 年代面向儿童的严肃科学节目——《科学美国人》、电视教育栏目、美国国家博物馆里的

---

* 《杰森一家》（*The Jetsons*）是美国 ABC 电视台从 1962 年底开始播出的家庭喜剧动画片，背景设定在一个充满各种精妙机器人装置、外星人和异想天开的小发明的未来世界。——译者注

天文展——都以权威的声音告诉我们宇宙是什么样子、天空为什么是蓝的、元素周期表该如何理解，并保证未来等着我们的将是外星殖民地、机器人、物质转化装置，以及一个更接近《星际迷航》（*Star Trek*）* 而不是我们现有生活的世界。

结果这些声音全错了，这不仅给人一种不可名状的背叛感，也指向了我们该如何谈论历史的概念化问题，因为事情的发展并不似我们当初所料。在某些情况下，期望与现实之间的差异真不是一笔就能勾销的。一个明显的例子是科幻作品。早在 20 世纪，科幻电影创作者习惯把自己对未来的幻想设定在某个具体日期。那通常就在一个世代之后。正因如此，斯坦利·库布里克（Stanley Kubrick）在 1968 年时感到，影迷会想当然地认为仅在 33 年后的 2001 年，我们就将拥有商业月球旅行、城市级的空间站，还有类人的计算机，可以在前往木星的途中维持宇航员休眠的生命状态。[1] 事实上，2001 年以来唯一真正出现的新科技是可视电话，但实现它的技术在 1968 年就已具备，只是当时压根儿没有市场，因为没人有这种需求。[2] 每当特定的作家或节目试图创造一个宏大神话时，类似的问题就会出现。根据我少年时代接触的拉里·尼文（Larry Niven）† 创造的宇宙，我们这个时代（21

---

* 《星际迷航》是美国科幻影视系列作品，最初由编剧吉恩·罗登贝瑞（Gene Roddenberry）于 20 世纪 60 年代提出构想，经过半个多世纪的发展和完善，成为美国乃至世界知名的科幻经典，也极大影响了流行文化。——译者注

† 美国科幻文学作家劳伦斯·范·柯特·尼文（Laurence van Cott Niven），通常称拉里·尼文。他的作品主要属于硬科幻范畴，其中最知名的是荣获星云奖的《环形世界》（*Ringworld*，1970 年出版）。——译者注

世纪第二个十年）的人类应该受一个世界级的联合国政府管理，在月球上建立第一个殖民地，同时还要应对医学进步造就的一个永生富豪阶级带来的社会后果。相较之下，根据大约同期发展起来的《星际迷航》世界观，人类现在应该处于战后重建阶段；我们刚刚在 20 世纪 90 年代的优生战争中推翻了基因工程强化人的统治，将他们全数装进飞船，发射到了外太空。正因如此，90 年代的《星际迷航》编剧只好变着法子切换时间线和多维现实，以防整个故事前提分崩离析。

到了 1989 年，当《回到未来 2》（*Back to the Future* II）的主创尽职地将飞行汽车和悬浮滑板交到 2015 年的青少年手中时，我们分不清这究竟是严肃的预言，还是在沿袭想象未来的老套路，抑或是玩了个有点冷的哏。无论如何，它标志着这类事物最后的几次登场。后继科幻作品描绘的未来在很大程度上是反乌托邦的，从冷峻的技术法西斯主义转向了某种石器时代的野蛮主义，类似《云图》（*Cloud Atlas*）那样。或者有意模糊背景：作者们在时间设定上含糊其词，使"未来"成了一个纯属幻想的地带，与中洲（Middle Earth）* 或西梅利亚（Cimmeria）† 并无不同。他们甚至将未来设定在过去，就像《星球大战》（*Star Wars*）那样，"很久很久以前，在很遥远很遥远的星系"。这样的"未来"往往根本不是真正的未来，而更像是一个异次元，一个

* 一块架空世界中的大陆，又译中土世界，是英国作家 J. R. R. 托尔金创作的《魔戒》等奇幻小说中的故事发生地。——译者注

† 美国作家罗伯特·埃尔文·霍华德（Robert Ervin Howard）创作的《野蛮人柯南》（*Conan the Barbarian*）系列幻想小说中的地名。根据设定，它是西伯莱时代（Hyborian Age）的一块北境之地，是柯南的家乡。——译者注

梦时纪（dream-time）*，某种技术上的另界（Elsewhere），以精灵和屠龙者存在于过去的那种方式存在于未来；不过是将道德剧和奇幻故事投影在了另一块银幕上。科幻类型如今成了区区一套扮相，西部片、战争片、恐怖片、间谍惊悚片或仅仅是童话故事都可以披上它的外衣。

* * *

我想，也不能说我们的文化完全回避了对技术失望的问题。这个问题引发的尴尬使我们始终不愿明确探讨它。但就像许多其他文化创伤一样，痛苦被转移了；只有当我们认为自己在谈别的事情时，我们才能谈论它。

回头看后来被称为“后现代主义”的整个世纪末的文化思绪，我觉得最好的理解方式可能就是将其视作对从未发生的技术变革的长久沉思。第一次产生这种想法时，我正在看一部新拍的《星球大战》电影。电影烂透了。但我不禁为高超的特效所折服。回忆起 20 世纪 50 年代科幻片里那些典型的蹩脚特效，比如由几乎看不见的线牵引的锡制宇宙飞船，我就在想，要是 50 年代的观众得知了今天的特效水平，得多么叹为观止啊。但我转念便意识到：“实际上，并不会。他们根本不会为之所动，不是吗？他们以为我们如今已经实际**做着**这样的事情了。结果发现我们只是想出了更复杂的模拟方式而已。”

---

* 由早期人类学家提出的术语，是指由澳大利亚土著信仰的宗教所产生的世界观。——译者注

最后的“模拟”一词是关键所在。自 20 世纪 70 年代起，我们看到的技术进步主要集中在信息技术领域，也就是模拟技术。这些技术的性质就是让·鲍德里亚（Jean Baudrillard）和翁贝托·埃科（Umberto Eco）提出的“超现实”（hyper–real）——使模仿比原作更逼真的能力。整个后现代思绪，就是感到我们不知何故闯入了一个前所未有的历史新时期，而我们明白其中并无新鲜事；感到关于进步和解放的宏大历史叙事毫无意义；感到如今的一切都是模拟、讽刺的重复、碎片化和拼贴：这一切只有在一种技术环境下才讲得通，在那种环境里，仅有的重大突破只是更便于人们创建、转移和重新排列那些业已存在的事物，或如今逐渐被人意识到永远无法真正实现的事物的虚拟投影。可以肯定，如果我们真的在火星的穹顶建筑里度假，或者随身携带袖珍核聚变装置或遥控读心设备，绝对不会有人表达出这种态度。“后现代”时刻只是一种绝望之举，将原本苦涩的失望感装扮成某种具有划时代意义的激动人心的新事物。

值得注意的是，在很大程度上源自马克思主义传统的后现代主义最早的表述中，很多这种关于技术的弦外之音甚至都不是弦外之音，而是相当直截了当的。下面引自詹明信（Frederick Jameson）在 1984 年的《晚期资本主义的文化逻辑》（*Postmodernism, or the Cultural Logic of Late Capitalism*）中的原话：

> 借这个机会回顾一下在早期资本主义社会里人类对机器所抱持的浓厚兴趣及兴奋心情，可说是最适当不过了。当年，人类对

机器确是疯狂崇拜的，其中最好的例子莫如未来主义对机器文化的欣狂之想了，当然，还有马里内蒂（Marinetti）对机枪和汽车的爱戴与赞叹等。人类在现代化过程的早期对于机器能量的钟情，仍可在后来的社会里找到——未来主义在视觉艺术上的标记。马里内蒂在雕塑艺术上的创作，都具体而有形地（直接或间接地）为前资本主义时期中机器能量的价值做了见证……20世纪30年代一些革命的（或说是信奉共产主义的）艺术家*曾尝试通过艺术来重组人类对机器文化的向往，在作品中为人类创造一种普罗米修斯式的新社会……

今天的科技，表达起来并没有从前那么“壮观”。在今天的文化里，不再有汽轮，不再有希勒画笔下带升降机的粮仓和大烟囱，也不再有输送管、输送带等工业设施，也没有漫长的铁路绕山河。今天，我们只能面对计算机；它们其貌不扬，外壳也实在没有任何标志特征，在视觉上也没有任何特殊之处。事实上我们所有的电子媒介都是貌不惊人的。在一台称为电视机的家居电器背后，并没有牵动过什么宏伟的故事，而只能在表面上、在平面化的形象本身之中，带来一种内向的爆裂。[3]

曾经，技术本身的纯粹物理之力让我们感到历史的车轮滚滚向前，而今，我们却只有屏幕和图像可以把玩。

* 如莱热及里维拉。——译者注

詹明信独出心裁地以“后现代主义”一词指代适用于一个资本主义新阶段的文化逻辑，该阶段早在1972年就被埃内斯特·曼德尔（Ernest Mandel）命名为“第三次技术革命”。曼德尔认为，人类正面临一场与工业或农业革命同样深刻的变革：计算机、机器人、新能源和新信息技术将有效取代旧日的工业劳动力——这在不久后被称为“工作的终结”（end of work）——把我们通通变成设计师或计算机技术人员，满脑子都是让自动化控制的工厂从事实际生产的疯狂构想。[4]工作的终结理论在20世纪70年代末和80年代初越发流行，激进思想家们开始考虑一旦工人阶级不复存在，传统的工人阶级斗争会如何发展。（答案：它将变为身份政治。）

詹明信认为自己正在探索这个冉冉升起的新时代中可能萌发的意识形式和历史情绪。当然了，如我们所知，这些技术突破实际上并未发生。取而代之的是信息技术的传播和组织运输的新方式（如船运集装箱），使得同样的那些工业岗位外包到东亚、拉丁美洲和其他地区的国家，当地易得的廉价劳动力使制造商可以采用技术复杂度远低于国内需求的流水线技术。不错，生活在欧洲、北美甚或日本的人，乍一看都会觉得时代的成就似乎一如预期。烟囱林立的工业的确在逐步消失。工作岗位开始被划分为从事服务工作的下层和坐在干净办公室里操作计算机的上层。但在这一切之下，人们不安地意识到，整个全新的后工作文明基本上是个骗局。我们设计精良的高科技运动鞋并非真的产自智能机器人或自我复制的分子纳米技术；它们是由墨西哥或印度尼西亚农民的女儿用类似胜家（Singer）那样的老式缝纫机制成的，这些农民由于世界贸易组织或北美自由贸易协定促成的协议而被逐出了世代耕耘的土地。在我看来，后现代情绪，它对图像和表象游戏的无尽热衷，以及它坚持认为那些本应赋予这些图像深度和真实性的现代主义叙事最终被证明是谎言，这一切的背后正是这份罪恶感。

* * *

那么，为什么所有人预期中的爆发式技术增长——月球基地、机器人工厂——未能实现？逻辑上只存在两种可能：要么是我们对技术变革的步调怀有不切实际的期待，在此情况下，我们需要扪心自问，为什么那么多的聪明人都感到力不从心；要么就是我们的期待在本质上并非不切实际，在此情况下，我们就得问问，是什么使得技术发展之路偏离了正轨。

今天的文化分析家鲜少考虑这个问题，一旦真的推敲起来，他们会不约而同地选择第一种可能。一个常见的路径是将症结上溯到冷战时期的太空竞赛造成的幻象。许多人问，为何20世纪50年代、60年代、70年代的美国和苏联都对载人航天理念如此情有独钟？这从来就不是什么高效的科研路径。难道不是缘于这样一个事实：一个世纪前的美国和俄国都是开拓者社会，一个向西部而另一个向西伯利亚扩张？难道不是因为两个超级大国都许诺了无限扩张的未来和人类殖民广阔空地的神话，才促使两国领导人进入了一个新的“太空时代”，其本质是要争夺对未来本身的控制权？难道不是这场争夺造就了双方对未来实际模样完全不切实际的设想？[5]

这显然不无道理。强大的神话在起作用。可是，大多数宏大的人类事业都根植于某种神话般的愿景，这本身不足以证实或证伪事业本身的可行性。在本文中，我想探讨第二种可能。在我看来，有充分的理由相信，至少其中一些愿景在本质上并非不切实际，而且至少有一部分科幻幻想（目前无从得知具体是哪些）确实可以被引入现实。最显而易见的理由就是这样的事在过去很常见。毕竟，20 世纪伊始读着儒勒·凡尔纳（Jules Verne）或赫伯特·乔治·威尔斯（Herbert George Wells）作品长大的人，可能会想象 1960 年的世界将拥有飞行器、火箭船、潜水艇、新能源、无线通信……而他们几乎所想即所得。如果在 1900 年梦想人类登月不算不切实际，那为什么在 20 世纪 60 年代梦想喷射背包（jet-pack）和机器人洗衣工就不切实际了？如果在 1750 年到 1950 年间，每隔一阵就会出现新能源（蒸汽、电力、石油、核能，不一而足），那么料想自那以后我们至少会见证一种新能源的出现，这有那么不合理吗？

有理由相信，相较于 20 世纪上半叶的突飞猛进，技术创新的实际步伐甚至在五六十年代就已开始放缓。50 年代，微波炉（1954 年）、避孕药（1957 年）和激光（1958 年）等相继出现，这差不多就是最近一次发明的涌现。而自那时起，最突出的技术进步主要采取的形式要么是巧妙地组合既有的技术（例如太空竞赛中的情况），要么是将既有的技术投入全新的商业用途（最著名的例子是电视，它发明于 1926 年，但直到 40 年代末和 50 年代初才被大规模生产，旨在有意创造新的消费需求，确保美国经济不会重新陷入萧条）。然而，太空竞赛助长了这样一种观念：这是一个大跃迁的时代。60 年代给人最普遍的印象是技术变革以骇人的失控方式加速迈进。阿尔文·托夫勒（Alvin Toffler）1970 年石破天惊的畅销书《未来的冲击》（*Future Shock*）堪称这种思路的极致体现。回头看来，这是一本引人入胜且颇具启发性的书。[6]

托夫勒认为，几乎所有 60 年代的社会问题都可以追溯到技术变革的加速。他提及，科学新突破不断涌现，持续动摇着我们日常生活的根基，使得美国人迷失了方向，无法明确正常生活应该是什么样子的。家庭的例子或许最一目了然，据托夫勒称，不只是避孕药，还有体外受精、试管婴儿、捐精与捐卵的可能，都让为人之母的概念变得过时。托夫勒看到，类似的事情发生在社会生活的各个领域，再没什么理所当然之事。人类并没有足够的心理准备去应对变化的步伐。他为该现象创造了一个术语："加速的推动力"（accelerative thrust）。技术进步的加速或许始于工业革命，但在他看来，到了大约 1850 年，其后果开始纤毫毕现。不仅我们周围的一切都在变化，而且其中的大部分以指数级速度在变化，譬如人类知识总量、人口规模、工业增长和能源消耗量。托夫勒强调，唯一的解决方案是着手对这一进程施加某种民主控制——委托机构评估新兴技术及其潜在影响，禁止那些可能对社会造成太大破坏的技术，引导技术向促进社会和谐的方向发展。

神奇的是，尽管托夫勒准确描述了许多历史趋势，但这本书自身的出现时间几乎恰逢大多数趋势的尾声。例如，就在 1970 年前后，世界范围内新发表的科学论文数量增幅开始趋于平缓，须知大约自 1685 年以来，论文数量每 15 年都要翻上一番。书籍和专利的数量也是如此。在其他领域，增长不是放缓而已，根本就完全停滞了。结果表明，托夫勒对“加速”一词的选择一语成谶。在历史上的大部分时间里，人类旅行的最高时速一直徘徊在 25 英里 *。到了 1900 年，这个数字已经提至 100 英里，并确实在随后的 70 年里呈指数级增长。待到托夫勒落笔写作的 1970 年，人类最高的旅行时速是 24 791 英里，该纪录由“阿波罗 10 号”的宇航员在仅仅一年之前的 1969 年创下。在这样的指数级增速面前，似乎有理由设想人类在几十年内就可以探索其他恒星系。然而，自 1970 年起再无进一步的增长。人类旅行时速的最高纪录仍然由“阿波罗 10 号”的宇航员保持着。诚然，商业航空的最高时速的确在一年后达到了 14 000 英里的巅峰，其标志是 1971 年协和式飞机投入使用。但是自那以来，航空速度不仅未有提升，反而在 2003 年协和式飞机退役后有所下降。[7]

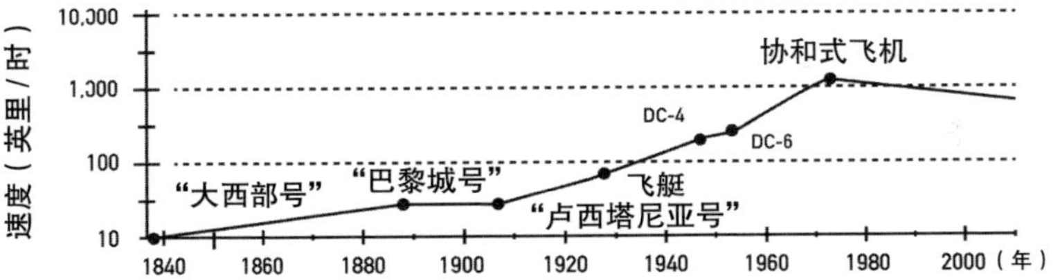

8

托夫勒几乎在所有事情上都弄错了，这般事实并未损害他的职业生涯。当预言落空时，个人魅力型先知本人很少会受连累。托夫勒只

* 英美制长度单位，1 英里约合 1.6 千米。——译者注

是不断调整自己的分析，每隔 10 年左右提出引人瞩目的新主张，便总能博得公众的高度认同和赞誉。1980 年，他出版了一本名为《第三次浪潮》（*The Third Wave*）的书，[9]论点直接基于埃内斯特·曼德尔的“第三次技术革命”，不同的是曼德尔认为这些变化终将导致资本主义的终结，托夫勒则简单假定资本主义将永远存续。到了 1990 年，托夫勒已成为共和党议员纽特·金里奇（Newt Gingrich）的个人知识导师，后者声称自己 1994 年的政治宣言“与美国有约”（Contract with America）的灵感部分源于这样的见解：美国需要摆脱一套陈腐的、物质主义的、工业化的思维定式，转而迎接一个崭新的、自由市场的、信息时代的“第三次浪潮文明”。

这里处处都是讽刺。《未来的冲击》最伟大的现世成就之一可能就是启发美国在 1972 年成立了国会技术评估办公室（Office of Technology Assessment，OTA），这多少符合托夫勒对具有破坏性潜质的技术进行某种民主监督的呼吁。金里奇在 1995 年赢得国会控制权后，率先采取的行动之一就是取消对技术评估办公室的资助，斥之为无谓的政府浪费。同先前一样，整件事似乎完全没有困扰到托夫勒。彼时的他早就不再试图通过唤起大众来影响政策了，甚至不再试图影响政治辩论；相反，他的谋生之道主要是为企业总裁和智囊团成员开办研讨会。他的见解实际上已经私有化了。

金里奇好自称“保守派未来学家”。这看似语义矛盾；但实际上，我们回顾托夫勒的作品便能发现，弟子的政治观恰恰源自师承，而且谁要认为这位导师是进步分子倒更令人惊讶。《未来的冲击》的论点就是保守主义的写照。进步总被描述为有待解决的问题。诚然，他的解决方案表面上是创建民主的控制形式，但实际上，“民主”明显意味着“官僚制”，即成立专家小组来决定批准哪些发明，又搁置哪些。从这个角度，最好将托夫勒视作19世纪早期的社会理论家奥古斯特·孔德（Auguste Comte）的现代版，不过在智识上略逊一筹。孔德也曾预感即将迎来一个由势不可当的技术进步所驱动的新时代，此处指工业时代；而他那个年代的社会灾难确实源自社会系统的失调。封建旧秩序不仅发展出了天主教神学（这种思考人类在宇宙中的位置的方式完全适配当时的社会系统），还发展出了一种制度架构——教会，它以一种可以赋予每个人意义和归属感的方式传达和推行这样的观念。当前的工业时代发展出了自己的观念体系——科学，但科学家们并没有成功地创造出与天主教会类似的东西。孔德的结论是，我们有必要发展一门他称之为“社会学”的新科学，而社会学家应该在一种新的社会宗教（Religion of Society）中扮演祭司的角色，激发群众对秩序、社区、工作纪律和父权家庭价值的爱。托夫勒没那么雄心勃勃，不指望未来学家实际承担起祭司角色。但他同样感到技术正将人类引向一次近在咫尺的伟大历史突破，又同样唯恐社会崩溃，并且就这一点而言，同样执着于维护母职的神圣地位——孔德想过在其宗教运动的旗帜上打出孕妇的形象。

金里奇另有一位确实有宗教背景的导师：自由至上主义神学家乔治·吉尔德（George Gilder），他还有不少其他身份，包括《吉尔德科技月报》（Gilder Technology Report）通讯的作者。吉尔德同样痴迷于技术与社会变迁的关系，但奇怪的是态度更为乐观。他认同一个激进版的“第三次浪潮”，坚称自 1970 年以来，随着计算机的兴起，我们真真切切目睹了“对物质的颠覆”（overthrow of matter）。在旧日的物质主义工业社会里，价值来自体力劳动，而这样的社会正逐步让位于一个信息时代，其中价值直接源自企业家的头脑，就好比世界最初从上帝的头脑中无中生有，又好比货币在适当的供给侧经济中由美联储无中生有，并落入创新的、创造价值的资本家手中。他总结说，供给侧经济政策将保障投资的长期方向，引导其避开太空计划这类昔日的政府烂摊子，转向更富生产力的信息和医疗技术。

吉尔德在职业生涯之初便发愿要做“美国首屈一指的反女权主义者”，他还坚持认为，要想维持这种有益的发展，必须严格执行传统的家庭价值观。他没有提出一种新的社会宗教。他不觉得有这个必要，因为当时已与自由至上主义右派结成奇怪同盟的基督教福音派运动就可以承担同样的职能。[10]

* * *

或许，无论这些古怪的人物有多么大的影响力，过分关注他们都不太明智。首先，他们出场很晚。如果存在某种有意识或半有意识的投资转向，从资助研发更好的火箭和机器人变为资助研发诸如激光打印机和 CAT（计算机轴向断层扫描）扫描仪，那么这种转向早在托夫勒的《未来的冲击》出版前就已开始，更别提吉尔德的《财富与贫困》（*Wealth and Poverty*，1981 年）了。[11] 他们的成功真正反映出的是，他们提出的问题入了最高权威的耳；这些问题包括担心现行的技术发展模式会导致社会动荡，需要引导技术朝着不挑战现行权威结构的方向发展。有充分的理由相信，这些正是政治家和行业领袖在考虑的问题，并且已考虑了好一段时间。[12]

所以到底发生了什么？本文接下来将分成三部分，考察一些我认为阻止了万众期待的技术未来到来的因素。这些因素可归为两大类。一类在大体上是政治的，关乎有意识地转变对研究资金的分配；另一类是官僚的，管理科技研究的体系发生了质的变化。

正题

自 20 世纪 70 年代起似乎开始了一次大转向，投资不再针对有可能带来别样未来的技术，转而针对强化劳动纪律和社会控制的技术。

资产阶级除非对生产工具，从而对生产关系，从而对全部社会关系不断地进行革命，否则就不能生存下去……一切固定的僵化的关系以及与之相适应的素被尊崇的观念和见解都被消除了，一切新形成的关系等不到固定下来就陈旧了。一切等级的和固定的东西都烟消云散了，一切神圣的东西都被亵渎了。人们终于不得不用冷静的眼光来看他们的生活地位、他们的相互关系。

——马克思和恩格斯，《共产党宣言》（1847 年）*

---

* 译文摘自：马克思，恩格斯 . 共产党宣言 [M]. 北京：中央编译出版社，2018: 41—42。——译者注

我是说乐趣（fun）同样非常重要，它直接驳斥了这个国家当前提出的那种使人在工作中激烈竞争的伦理道德，那是毫无意义的，因为要不了多少年，所有工作反正都会由机器代劳。有一整套价值体系在教导人们延迟享乐、把钱全存进银行、购买人寿保险，尽是一堆对我们这代人根本毫无意义的事。

——艾比·霍夫曼（Abbie Hoffman），

芝加哥七君子审判（1970 年）

后来被称为“工业资本主义”的体系自 18 世纪确立以来，促成了史无前例的极高速的科学进步和技术创新。它的拥趸一向以此为凭，为该体系同时造成的剥削、苦难和对社区的破坏辩护。即使是它最著名的批评者马克思和恩格斯，如果说对资本主义有什么赞赏，那就是它对“生产力”的巨大释放。马克思和恩格斯还认为，正是这种趋势，或者更准确而言，正是资本主义对不断革新工业生产资料的需求，将最终导致它的覆灭。

有没有可能他们说的话是对的？有没有可能在 20 世纪 60 年代，资本家这个阶级也开始领会到这一点了？

马克思的具体论点是，出于某些技术原因，价值和利润只能来自人类劳动。竞争迫使工厂主以机械化生产降低劳动力成本，而这虽然在短期内有利于单个企业，但这种机械化的总体效应实际上是在拉低所有企业的整体利润率。近两个世纪以来，经济学家围绕这套论述是否属实争论不下。但假使它成立，那么实业家们自 60 年代起就不再注资研发人人翘首以盼的机器人工厂，而是开始将工厂搬迁到东南亚或全球南方的劳动密集型、低技术含量的厂区，这个原本难以解释的决定就完全讲得通了。[13]

据我观察，有理由相信针对生产过程（意即工厂本身）的技术革新步伐在五六十年代就已开始大幅放缓。显然，当时看起来可不是这样的。反差主要是美国与苏联竞争的连带后果。从两点来看，这似乎属实。一是一项有意识的政策：冷战期间，美国的产业规划师[14]想方设法将现有技术运用到消费者身上，营造一种欣欣向荣、蒸蒸日上的乐观情绪，希望以此削弱激进的工人阶级政治的吸引力。1959 年，理查德·尼克松和尼基塔·赫鲁晓夫著名的"厨房辩论"*可谓清晰展现了这一政治理念。"你们的共产主义'工人国家'可能在外太空打败了我们，"尼克松掷地有声，"但资本主义创造了洗衣机这样的技术，切实改善了劳苦大众的生活。"另一点就是太空竞赛。无论哪种情况，其实都是由苏联首倡的。美国人很难记得这些，因为随着冷战结束，苏联在大众心目中的形象从可畏的对手迅速沦为可悲的废物——一个典型的"根本行不通"的社会。而早在 50 年代，许多美国规划师在工作时都忧心忡忡，怀疑苏联体系的运行效力很可能远远强于本国。他们无疑对这个事实记忆犹新：20 世纪 30 年代，当美国陷入萧条时，

---

* 厨房辩论（kitchen debate）指的是 1959 年 7 月 24 日在莫斯科举行的美国国家博览会开幕式上，时任美国副总统尼克松和时任苏联部长会议主席赫鲁晓夫之间展开的一场关于东西方意识形态和核战争的论战。辩论是在厨房用具展台前进行的，故称"厨房辩论"。——译者注

苏联却保持着几乎史无前例的每年 10% 到 20% 的经济增长率。取得这一成就之后，苏联旋即打造出击溃希特勒的大规模坦克部队，当然还有 1957 年发射的人造卫星“斯普特尼克”，随后是 1961 年的第一个载人航天器“东方号”。当赫鲁晓夫向尼克松保证苏联的生活水平将在 7 年内赶超美国时，许多美国人担心他可能是对的。

人们常把阿波罗登月计划说成是苏联共产主义的最伟大历史成就。的确，要是没有苏共中央政治局的宇宙野心，美国根本无从设想这样的壮举。即使这样的措辞都让人略吃一惊。“宇宙野心？”在美国人通常的印象中，政治局不过是一帮缺乏想象力的灰制服官僚。虽说苏联确实由官僚执掌，但这群官僚从一开始就敢于构想。（世界革命只是诸多梦想中的第一个。）当然，他们的大多数宏伟计划——让大江大河改道之类的——不是给生态和社会带来了负面影响，就是像斯大林规划修建的苏维埃宫（有 100 层楼高，顶部另有一尊 20 层楼高的列宁雕像）那样从未落地。苏联太空计划取得最初几次成功之后，大部分项目都停留在了纸面上。但这不妨碍苏联领导层不断提出新项目。即使是 80 年代，当美国最后一次尝试自己的宏大计划“星球大战计划”（本身流产了）时，苏联仍在规划和设计通过创造性使用技术来改造世界的方法。如今，在俄罗斯之外的地方，曾被倾注了大量资源的项目，大部分都被人遗忘了。同样值得注意的是，不同于旨在拖垮苏联的“星球大战计划”，大多数这些项目都是和平的。比如说，试图通过采收湖泊和海洋中的一种名为螺旋藻的可食用微生物来解决全球饥荒问题，或是通过一项惊心动魄的计划来解决全球能源问题——将数百个巨型太阳能发电平台发射进地球轨道，并将产生的电力传送回地球。[15]

就连科幻创作的黄金时代也是在美国和苏联同时到来的。[16]那是20世纪五六十年代，科幻迎来了鼎盛期，也是在那时首次发展出了力场、牵引波束、曲率引擎这些今天的8岁小孩都耳熟能详的未来发明标配（就像他们知道要想杀死吸血鬼，最好借助大蒜、十字架、木桩和阳光一样）。或者想想《星际迷航》这一美国科幻创想的集大成者吧。里面的星际联邦有着崇高的理想主义和严明的军事纪律，明显没有阶级差异和任何多党民主制的迹象，这不就是一个以美国视角构想出的更仁慈、更温和，尤其是真正“行之有效”的苏联吗？[17]

我认为《星际迷航》系列格外引人注目的一点是，不仅其中没有民主制的迹象，而且几乎没人留意到这种缺失。诚然，《星际迷航》宇宙已历经数不胜数的完善，有多部剧集、电影、书和漫画，甚至有百科全书，更不用说几十年间花样百出的同人小说了，所以星际联邦的政体问题总归要被摆上台面。这种时候，谁也不能真的说它**不是**民主国家。因此，该系列最近一两次讲到星际联邦时，恰如其分地添上了选举产生的总统和立法机构。但这无济于事。真正的民主生活在剧集中完全无迹可寻，没有一个角色哪怕顺口提过一句选举、政党、争议议题、民意调查、口号、公投、抗议或竞选活动。就连星际联邦的“民主”是否基于政党制度都要打个问号。如果是，那么政党有哪些？各自代表了怎样的思想体系或核心选民？我们从整整726集里看不到一点蛛丝马迹。[18]

有人可能会提出异议：剧中主角隶属星际舰队（Star Fleet），身在军中。此话不假；但在真正的民主社会，甚或美国这样的宪政共和国，士兵和海员常常就各类事务发表政治观点。从没见星际舰队里的哪个人说“我就不该投票给那些推动扩张主义政策的白痴，看看现在第 5 区被他们祸害成什么样了”或者“上学那会儿，我还积极参加禁止 C 级行星地球化的运动，可现在我不确定这对不对”。每当真的出现政治问题（这种时候很常见），被派来处理问题的永远是官僚、外交官和官员。《星际迷航》的主角隔三岔五就抱怨官僚。他们从不抱怨政客。因为政治问题向来只能通过行政手段解决。[19]

但这明显正是某种国家社会主义制度下顺理成章的事。我们总是忘记，斯大林领导下的苏联拥有一部堪称模范的宪法，民主管控手段远远多于当时的欧洲议会制度。只是这一切都与实际生活的运转方式无关，与星际联邦中的情况差不多。

所以说，星际联邦是列宁主义在宇宙范围内大获全胜的体现；社会不再需要秘密警察、劳改营和公审大会，因为丰富的物质和一致的意识形态结合得恰到好处，确保了整个体系完全自主的运转。

尽管星际联邦的政治构成几乎无人知晓或无人在意，但其经济体系自 20 世纪 80 年代起始终不乏好奇和争议。《星际迷航》中的角色分明生活在共产主义政权下。社会阶级已被消灭。基于种族、性别或族裔的区隔也是如此。[20] 早些年存在过的货币被视作某种古怪的、有点搞笑的历史趣闻。低端劳动直接不存在。地板会自清洁。食物、衣服、工具和武器只需消耗能量便可随意产生，就连能量似乎也没有明确的供给方式。这一切着实招致了一些不满，如果围绕它在 80 年代末和90年代初激起的有关未来经济学的辩论写一部政治史应该会很有意思。我清楚记得，电影人迈克尔·摩尔（Michael Moore）在与《国家》（*The Nation*）杂志编辑的一场辩论中指出，《星际迷航》表明美国普通工人阶级比主流的“进步”左派灯塔更容易接受公开的反资本主义政治。差不多也是在那个时候，互联网上的保守主义者和自由至上主义者同样开始有所察觉，纷纷在新闻组和其他电子论坛里谴责该剧宣传左派。[21]但突然间，我们得知货币没有完全消失。还有拉帝锭（latinum）的存在。不过用它进行交易的是个可憎的种族，和中世纪基督教对犹太人的刻板印象几乎如出一辙，除了是大耳朵而不是大鼻子。［有趣的是，他们得名弗瑞吉人（Ferengi），这个词实际上在阿拉伯语和印地语中指的是“讨厌的白人”。[22]］另外，博格人（Borg）的引入打消了人们认为星际联邦推行共产主义的念头；作为反派的博格人完全抹杀个体性，将组成它的任何有知觉的生命体都同化为一个蜂巢思维（群体思维）。

* * *

待到1969年登月后，美国的规划师们不再认真对待两国间的竞争了。苏联已在太空竞赛中落败，这样一来，美国便能转移实际的研发方向，不必再关注创建火星基地和机器人工厂一类事项，更别提为共产主义乌托邦奠基的技术了。

当然了，在标准叙事里，这种优先级的转变不过是市场胜利的自然结果。阿波罗计划是经典的大政府（Big Government）项目，来自苏联的启发，因为它需要在同样庞大的政府官僚制的协调下倾举国之力。按照故事接下来的走向，来自苏联的威胁一旦解除，资本主义便能自由恢复到常态的、去中心化的、符合自由市场要求的技术发展路线，例如私人资助的对触屏手机等适销产品的研发、大胆开拓的初创公司，诸如此类。这确乎是托夫勒和吉尔德这样的人在 20 世纪 70 年代末和 80 年代初启用的分析路径。但它分明是错误的。

首先，在五六十年代贝尔实验室和类似企业研发部门的鼎盛期过去后，私营部门从事的名副其实的创新性研究实际上减少了。部分原因在于税制的调整。当年的那家电话公司之所以愿意将如此多的利润投入研发，是因为利润被课以重税——究竟是将钱投入支付员工的高工资（换取忠诚度）与研发（对于一家仍陷在旧日思维模式里的公司而言意义重大，因为它相信企业的终极目标是制造产品，而不是赚钱），还是任由同一笔钱直接被政府拿走，公司的选择一目了然。在本文导论里描述的七八十年代的变迁之后，这一切都变了。公司税大幅削减。如今越来越多地通过股票期权形式获取回报的高管们，开始不仅用利润向投资者支付股息，而且将原本用于加薪、招聘或研发预算的资金用于股票回购，提升了高管的投资组合价值，却无益于提高生产力。换言之，减税和金融改革的实际效果几乎与其支持者声称的正相反。

与此同时，美国政府未曾放弃大型国控技术开发计划。只不过重点陡变，从太空计划等民用项目转向了军事研究——不单有“星球大战计划”这一里根版的苏联式大规模项目，还有种类繁多的武器项目、通信和监视技术研究，以及类似的“安全相关”的关切。在某种程度上，情况始终如此：单是投入导弹研发的数十亿美元就让拨给太空计划的“小数目”相形见绌。然而到了 20 世纪 70 年代，哪怕基础得多的研究也开始遵照军事优先级。我们没等到机器人工厂的最直接原因在于，过去几十年间，是五角大楼输送了大约 95% 的机器人研究资金，而如今，它对开发无人机的兴趣远超对全自动铝土矿井或机器人园丁的兴趣。

这些军事项目确实有自己的民用副产品，其中之一就是互联网。但在它们的影响下，发展确实被引向了某些极其特定的方向。

有人可能会提出更暗黑的可能性。一种有力的论证是，即使投资方向朝着信息技术和医学的研发转移，也称不上根据市场驱动下的消费者需求重新定位，而更多属于一项全方位努力中的一环，旨在从技术上击败苏联，同时取得全球阶级战争的全面胜利：美国不仅要在海外确立绝对的军事优势，还要在国内肃清所有的社会运动。几乎每一种新出现的技术最助益的都是监视、工作规训和社会控制。我们时常听说，计算机为自由开辟了一定的空间；但它没有导向艾比·霍夫曼或居伊·德波（Guy Debord）设想中无工作的乌托邦，而是被用出了相反的效果。信息技术促成的资本金融化使得工人陷入了空前严重的负债，与此同时，它允许雇主创造出新的“灵活”用工制度，破坏了传统的工作保障，大幅增加了几乎各行各业人群的总体工作时长。随着传统工厂就业岗位的输出，工会运动溃败，进而摧毁了任何有效的工人阶级政治的真正可能性。[23] 相比之下，尽管对医学和生命科学的研究投入史无前例，我们仍然无法根治癌症，甚至无法根治普通感冒；

相反，我们最引人注目的医学突破以百忧解（Prozac）、左洛复（Zoloft）、利他林（Ritalin）等药物为代表，可以说专门用于确保这些新的职业需求不把我们逼成彻头彻尾的失心疯。

将来历史学家为新自由主义撰写墓志铭时，恐怕只能将其归结为一种系统性地将政治诉求凌驾于经济诉求之上的资本主义形态。也就是说，如果要在如下两种行动方针中做选择，是使资本主义**看起来像**唯一合理的经济体系，还是使资本主义**实际成为**更可行的长期经济体系，新自由主义意味着总是选择前者。在破坏工作保障的同时增加工作时长，当真能造就更富生产力（遑论创新和忠诚）的劳动力吗？完全有理由相信情况恰与之相反。从纯粹的经济角度看，几乎可以肯定劳动力市场的新自由主义改革造成了消极后果——全球各地总体经济增长率在20世纪八九十年代走低的趋势将自此得到强化。然而，它在使劳动力去政治化方面卓有成效。它同样有效促进了军队、警察和私人安保服务的迅速增长。这些是完全不具备生产力的——徒增资源消耗。事实上，为确保资本主义取得意识形态胜利而建立的机器，很可能正是最终击垮它的罪魁祸首。但由此也不难看出，倘若那些管理世界者的终极诉求，是绝对不让人感到有可能存在一个必将到来的、彻底不同于今日世界的救赎性未来，那么这必定是新自由主义计划的关键一环。

反题

然而，即使在那些确实获得巨额资助的科技领域也没看到最

初预期的突破。

至此，散落的碎片似乎即将拼合。到了 20 世纪 60 年代，保守派政治力量对技术进步带来的破坏性社会效应感到不安，他们将当时的社会动乱归咎于此，而雇主们开始担忧机械化对经济的影响。由于苏联威胁减退，大量资源得以被重新分配到看似对社会和经济安排挑战较小的方向上——而这样的导向最终足以支撑一场运动，彻底颠覆 20 世纪 40 年代以来进步社会运动的成果，从而取得美国精英眼中的全球阶级战争的决定性胜利。优先事项的改变被吹捧为大政府项目的退场和市场的回归，但它实际只关乎政府主导研究的转向——减少关注 NASA（美国国家航空航天局）或替代能源这样的项目，并进一步加强对军事、信息和医疗技术的关注。

我认为上面说的都千真万确。但它无法解释一切。最重要的是，它无法解释为什么在那些资金充足的研究项目关注的领域，我们迄今没有看到 50 年前预期的那种进展。单举一个最明显的例子：如果 95% 的机器人研究都由军方资助，为何还是不见克拉图（Klaatu）* 式的双眼能发出死亡射线的杀手机器人？因为我们**知道**他们一直以来的努力。

显然，军事技术是取得了进展的。我们之所以能从冷战中幸存，

* 美国科幻电影《地球停转之日》（*The Day the Earth Stood Still*）中的外星人角色。——译者注

公认的一大原因在于，虽然核弹的效力多少与宣传的相符，投射系统却不然。洲际弹道导弹并不真的具备打击城市的能力，遑论打击城市内部的特定目标，这意味着除非你存心要毁灭世界，否则启动先发核打击意义寥寥。相较之下，现代巡航导弹堪称精准。不过，所有那些号称精准的武器似乎永远无法击杀特定的个人目标（萨达姆、本·拉登、卡扎菲），哪怕投下去几百枚。无人机只是遥控驱动的模型飞机。没有哪种射线枪（ray gun）成为现实，原因当然不是缺乏尝试——我们只能假设五角大楼已经投了数十亿美元来研制其中一种，但迄今为止最接近它的成果是激光（20 世纪 50 年代的技术），在正确瞄准的前提下会造成直视光束的敌方射击手失明。这都不只是缺德了，简直可悲。可以设置击昏档的相位枪（phaser）* 连设计图都没有；事实上，谈到步兵作战，2011 年各地的首选武器基本还是 AK–47 自动步枪，由苏联设计，得名自它面世的年份：1947 年。[24]

正如我前面提到的，万众期待的医学突破可以说也属于类似情况。甚至（我斗胆说）计算机也一样。互联网无疑是了不起的事物。不过，如果一个 20 世纪 50 年代的科幻迷来到现在，问及这 60 年间最厉害的技术成就，很难想象他会给出大失所望之外的反应。他定会指出，我们所说的实际上是以超高速和全球可访问形式组合起来的图书馆、邮局和邮购目录。“半个多世纪了，这就是我们科学家的最高成

---

* 《星际迷航》系列中的科幻设定，是一种定向能武器。它是星际舰队配备的制式武器，可实现击昏（stun）、加热（heat）、破坏（disruption）多模式切换。——译者注

就？我们想看的是真正能思考的计算机！”

实际情况就是如此，纵使研究经费的总量级自 70 年代起经历了激增。当然，其中来自企业部门的资金增长更显著，以至于如今私营企业投入的研究经费达到政府的两倍。但鉴于总体增幅巨大，以实际美元计算的政府研发经费总投入仍然远超从前。再者，虽说“基础”研究、“好奇心驱动”研究或“蓝天”研究——其动机无关任何短期实用前景，因此最有可能带来意想不到的突破——在整体中的占比逐年缩水，但考虑到如今的资金之充沛，基础研究经费的总量级实际上还是增长的。然而，大多数诚实的评估都会承认，它们的成果着实微乎其微。可以肯定，百年之前的人类习惯乃至期待的源源不断的概念革命——基因遗传、相对论、精神分析、量子力学，我们再也看不到了。

为什么？

一种常见的解释是，当资助者真要投身基础研究时，他们往往将所有鸡蛋都放进一个巨型篮子：所谓的“大科学”（Big Science）。人类基因组计划（Human Genome Project）是人们常提的例子。这项计划由美国政府发起，最终花费了近 30 亿美元，在 5 个国家雇用了数千名科学家和职工，唤起了极高的期待，结果只是发现人类基因序列与黑猩猩的几乎相同，明显不如水稻之类的基因序列复杂，而且从中得到的知识日后似乎很少有直接的实际应用。更重要的是——我认为这是关键所在——围绕这些项目的大肆宣传和政治投入表明，就连基础研究现在似乎也受到政治、行政和营销需求的左右（像人类基因组计划就有个公司商标似的徽标），导致越来越不可能产出特别革命性的成果。

在此我认为，我们对硅谷和互联网神话般的起源普遍心驰神往，这阻碍了我们看到真正发生的事情。它使我们想当然以为，现在的研发主要由有胆识的企业家小团队主导，或者来自那种开发出开源软件的去中心化协作。非也。这些只是最可能产出成果的研究团队。更可能的是，研究一直在朝着相反方向发展。它仍然由大型官僚项目主导，改变了的是官僚文化。政府、大学和私营企业日益相互渗透，使得各方都采纳了源自企业界的语言、做派和组织形式。这或许从一定程度上有助于加快造出能立即市场化的产品，毕竟这就是公司官僚制的初衷；至于促进独创性研究，结果就是灾难性的了。

我可以谈谈这方面的经验。我个人的认知来源主要是美国和英国的大学。在这两个国家，行政文书工作耗费的时间在过去 30 年里呈爆炸式增长，代价是几乎牺牲了其他一切。就拿我所在的大学来说，不但行政人员多过教学人员，而且教学人员还得花费至少与教学研究等量的时间履行管理职责。[25] 这在全世界的大学里多少都是家常便饭。反过来看，文书工作的爆炸式增长直接缘于引入了企业管理技术，其正当性在于提升了效率，方式是在各个层面引入竞争。在实践中，这些管理技术总是意味着每个人最后都把大部分时间花在了互相推销上：拨款提案，出版提案，学生的工作和助学金申请评估，对同事的评估，新的跨学科专业、研究所、研讨会工作坊和大学本身的简章——大学而今已成为需要向潜在的生源或捐赠方推广的品牌。营销和公关就这样渗透进大学生活的方方面面。

结果是，大量关于培养“想象力”和“创造力”的文件，诞生于旨在把任何实际表现出的想象力和创造力扼杀在摇篮里的环境中。我不是科学家。我从事社会理论研究。但我已经在自己的专业领域里目睹了后果。过去30年间，美国没有出现任何重磅的社会理论新作。相反，我们在很大程度上沦为中世纪学究，没完没了地注解20世纪70年代的法国理论，纵使我们心虚地意识到，哪怕当代美国学术界出现了吉尔·德勒兹（Gilles Deleuze）、米歇尔·福柯或皮埃尔·布迪厄再世，他们很可能会被研究生院拒之门外，即便设法进去了，也几乎铁定评不上终身教职。[26]

学术界一度曾是怪诞不经、才华横溢和不切实际之人的社会庇护所。此情此景不复存在。如今，它是专业的自我推销者的地盘。至于那些怪诞不经、才华横溢和不切实际之人，在当今社会似乎根本找不到容身之处。

社会科学领域的研究大部分仍然由个人开展，开支极小；如果社会科学领域尚且如此，物理学者的境况有多糟可想而知。事实上，一位物理学者最近就告诫那些有意以科研为业的学生，即使你总算熬过了动辄十年之久的跟在他人身后阿谀奉承的阶段，你最棒的想法还是会四处碰壁。

> 你（将）把时间花在做计划而不是做研究上。雪上加霜的是，因为你的研究计划会被竞争对手评判，所以你不能追随好奇心，只能将精力和才能用于预判和转移批评，而非用于解决重要的科

学难题……众所周知，原创想法是研究计划的绝唱；因为它们的有效性还未经证实。[27]

这基本回答了为什么我们没有瞬间移动装置或反重力鞋的问题。常识表明，要想最大限度地发挥科学创造力，你只需找来一些聪明人，提供必要的资源以便他们实现脑海中的任何想法，然后给他们一段独处的时间。大多数人或许会一无所获，但一两个人很可能会有一些完全出乎意料的发现。要想将意外突破的可能性降至最低，你只需告诉那同一批人，他们获取资源的唯一途径就是花费大量时间争相说服你，让你相信他们知道自己即将发现什么。[28]

这基本就是我们现有的系统。[29]

在自然科学领域，除了管理主义的暴政，还存在研究成果的悄然私有化。正如英国经济学家大卫·哈维（David Harvie）近来提醒我们的那样，“开源”研究并不新鲜。从学者共享材料和成果的意义上看，学术研究一直是开源的。竞争固然存在，但借用他精妙的说法，竞争是“友好的”（convivial）：

友好竞争是指我（或我的团队）希望成为证明特定猜想、解释特定现象、发现特定物种或恒星或粒子的第一人，就像我和朋友比赛骑车时的那种求胜心。但友好竞争并不排斥合作，身为竞争对手的研究人员（或研究团队）会共享初步成果、技术经验……当然，共享的知识可以通过书籍、文章、计算机软件或是直接与其他科学家对话获得，由此构成了一个知识公域（intellectual commons）。[30]

显然，对于在企业部门工作的科学家来说，情况不复如此；那里的研究发现受到严防死守。但企业精神在学院和研究机构内部的传播，导致即便受公共资助的学者也越发将自己的研究成果视作个人财产。发表出来的成果越来越少。学术出版商又使得发表出的那些研究成果更难被人获取，从而进一步封闭了知识公域。就这样，友好的、开源的竞争逐步滑向了更贴近经典的市场竞争的模样。

私有化的形式多种多样，甚至包括大公司在内，因为担心影响自身经济效益而直接买断并雪藏某些会惹麻烦的发现。[31] 人们都多有关注这些事儿。更不易察觉的是管理层精神本身如何不利于开展从长远看来显得冒险或古怪的项目，尤其是在看不到短期成效的时候。奇怪的是，互联网构成了问题的一部分：

> 在公司或学术界工作的人对如下场景多有目睹：一群工程师坐在一间屋子里，彼此交流想法。讨论中浮现了一个似乎颇具前景的新概念。紧接着，角落里的某个人用计算机在谷歌上迅速搜索后，宣布这个“新”想法实际上是旧的；它（或与之差不离的想法）已经被尝试过了。结果非成即败。如果它失败了，那么任何想保住饭碗的经理人都不会同意花钱再做尝试。如果它成功了，那便有了专利权，可想而知是无法进入市场的，因为第一个想到它的人享有“先发优势”，会创造“进入壁垒”。以这种方式被

粉碎的看似有前景的想法，得有数百万之多。[32]

我还可以说下去，但我猜读者已经领会到了。一种怯懦的官僚精神已然渗透进智识生活的方方面面。许多时候，它被一套充斥着创造力、主动性和企业家精神的话语所遮蔽。但这套话语毫无意义。最有可能提出新的概念性突破的那类思想家最不可能获得资助，而就算他们在这种情况下仍然取得了突破，也别指望找到什么人愿意跟进他们最大胆的探索方向。

* * *

让我回过头去，更详细地谈谈导论中概述过的一些历史背景。

据意大利政治经济学家乔瓦尼·阿里吉观察，在南海泡沫事件[*]之后，英国资本主义很大程度上放弃了大公司形式。工业革命后出现的大规模金融交易机构和小型家族企业的结合贯穿了接下来的一个世纪——马克思时代的伦敦（科技创新的鼎盛期），或曼彻斯特，抑或是伯明翰，都不是由大型企业集团主导的，而主要是由坐拥单家工厂的诸多资本家主导。（所以马克思假定资本主义的一大特征是持续的残酷竞争。）当时的英国也因其对稀奇古怪之人的宽容而著称，恰与当代美国对这类人的不宽容形成鲜明对照。一种常见的权宜做法是允

---

* 英国在 1720 年春天到秋天之间发生的一次经济泡沫，围绕南海公司的投资狂潮引发了股价暴涨和暴跌，以及之后的大混乱。——译者注

许他们成为乡村牧师，这些人不出所料地成为业余科学发现的一大主要来源。[33]

正如我提到的，当代的、官僚的企业资本主义率先出现在美国和德国。两国作为敌对方参与的两次血腥大战，在政府资助的抢先研发原子弹的宏大科学计划中达到了高潮。事实上，即使是美国大学的架构也一直基于普鲁士模式。诚然，在这些早前岁月，美国和德国确实都找到了自己的方式培养怪才——事实上，数量惊人的个中翘楚原本是德国人，最终来到了美国（范例便是阿尔伯特·爱因斯坦）。在大战的危急关头，像曼哈顿计划*这样的宏大政府项目仍然能够容纳一票奇人异士（奥本海默、费曼、富克斯等）。但随着美国的势力越发稳固，国内官僚机构对异常值的容忍度越发降低，技术创造力也因而下降。

当前的停滞时代似乎始于1945年，正是从那个时间点起，美国终于明确取代英国成为世界经济的组织者。[34]诚然，在早些年美国实施太空计划时（另一段恐慌时期），仍有空间留给杰克·帕森斯（Jack Parsons）这样名副其实的怪胎，此人是NASA喷气推进实验室的创始人。帕森斯不仅是出色的工程师，还是遵奉神秘主义者阿莱斯特·克劳利（Aleister Crowley）《法律之书》的术士，常年在加利福尼亚的家中策划狂欢仪式。帕森斯相信，火箭科学究其根本，不过是更深层魔法

---

* 美国陆军部于1942年6月开始实施利用核裂变反应来研制原子弹的计划。该工程最终取得成功，于1945年7月成功地进行了世界上第一次核爆炸，并按计划制造出两颗实用的原子弹。——译者注

原理的一种表现。但他最终还是被解雇了。[35] 美国在冷战中的胜利确保了既有的大学和科学官僚机构的彻底企业化，足以保证帕森斯这种人从一开始就不可能靠近权威职位。

* * *

美国人不爱把自己想象成一个官僚国家,尽管实际情况与之相反;可一旦我们不再把官僚制想象成一种局限于政府办公室的现象，那么很显然，这恰恰证明我们成了官僚国家。对苏联的最终胜利并没有真正导向“市场”的支配。它最大的影响仅仅是巩固了从根本上持保守立场的管理精英的支配地位；那些企业官僚打着短期、竞争、底线思维(bottom-line thinking)的幌子,压制任何可能具备革命性影响的事物。

合题

论诗性技术到官僚技术的转向。

迄今为止发明的所有节省劳动力的机器没有减轻一个人的辛劳。

——约翰·斯图尔特·密尔（John Stuart Mill）

本书的写作前提是，我们生活在一个官僚制深入骨髓的社会。如果我们对此浑然不觉，很大程度上是因为官僚实践和要求无孔不入，以致我们熟视无睹，或者还要更糟，以致我们无法想象还有其他的行事方式。

计算机从中发挥了至关重要的作用。正如18世纪和19世纪新型的工业自动化发明产生了事与愿违的效果，将越来越多的世界人口转变为全职工人一样，近几十年来所有旨在将我们从行政职责中解放出来的软件，最终把我们都变成了兼职或全职的行政人员。大学教授好像觉得用越来越多的时间管理经费是在所难免的；父母默认每年必须花数周时间填写40页在线表格好让孩子进入满意的学校；商店店员也意识到自己将耗费生活中越来越多的碎片时间在手机上输入密码，以便登录和管理各种储蓄和信用账户；而人人大抵都明白，自己现在得学着去做曾经委托给旅行社、经纪人和会计的工作。

曾有调查发现，美国人平均一生共计要花6个月时间等红灯。不知道有没有类似数据显示一个人一生要花多久填写表格，但时间起码与之相当。不出意外，我敢保证世界历史上从没有过哪群人要花如此多时间从事文书工作。

然而，这一切都发生在旧式官僚主义被推翻、自由和市场大获全胜之后。这无疑是当代生活最大的悖论之一，尽管我们似乎极不情愿去直面这个问题，就像对待未兑现的技术承诺那样。

这些问题显然是相互关联的。要我说，从很多方面看，它们根本是同一个问题。这也不单单关乎官僚作风，或者更确切而言，不单单关乎管理式作风对一切形式的技术远见和创造力的扼杀。毕竟，我们总是被提醒说，互联网释放出了各种创造性远见和协同智慧。它真正带来的是一种目的与手段的奇怪倒置，创造力被统筹起来为行政服务，而不是相反。

我要说的是：在这资本主义的迟暮阶段，我们正在从诗性技术转向官僚技术。

我所谓“诗性技术”，是指用理性的、技术的、官僚的手段来实现不羁的、不切实际的幻想。在这种意义上，诗性技术与文明一样古老。甚至可以说，它们出现于复杂机械之前。刘易斯·芒福德（Lewis Mumford）曾主张，最初的复杂机器实际上由人构成。埃及法老之所以能建造成金字塔，是因为他们精通行政程序，从而开发出生产线技术，将复杂的任务拆分成几十项简单操作，分派给不同的工人团队，即便他们掌握的最复杂的机械技术不过就是杠杆和斜面。官僚监管将农民大军化作一架巨型机器上的齿轮。甚至在很久以后，在真正的齿轮被发明出来之后，复杂机械的设计在某种程度上始终基于对最初用来组织人群的原则的细化。[36]

不过，我们还是一次次目睹这些机器——无论其活动部件是手臂和躯干，还是活塞、机轮和弹簧——实现了本不可能的幻想：大教堂、登月、横贯大陆的铁路，不一而足。诚然，诗性技术不免有可怕之处；诗意召唤出的可能是优雅或解放，也可能是昏暗的撒旦磨坊。但理性的官僚技术总是要服务于某种异想天开的目的。

从这个角度看，所有疯狂的苏联计划（即便从未实现）都标志着这种诗性技术的超高水准。我们现今的情况正好相反。不是我们不再鼓励远见、创意和狂想了，而是我们的幻想始终飘浮在空中；甚至没人愿意假装它们有可能成形或落地。与此同时，在极少数真正培养天马行空的创造力的领域，例如开源的互联网软件开发，创造力最终被集中用于创建更多更有效的填表平台。这就是我所说的“官僚技术”：行政诉求不再是技术发展的手段，而成了目的所在。与此同时，地球上存在过的最伟大和最强大的国家用过去几十年的时间表明，我们根本不能再考虑宏大事业了，哪怕它攸关地球的命运，就比如当前面临环境危机时该做的。

* * *

那么，这种转向有何政治意涵？

在我看来，我们有必要彻底反思关于资本主义性质的一些最基本的假设。其一，资本主义在某种程度上等同于市场，因此两者都有损于官僚制这一国家产物。其二，资本主义本质上是技术进步主义的。对当时的工业革命满怀热情的马克思和恩格斯，在这一点上似乎弄错了。或者更准确地说，他们坚称工业生产的机械化终将摧毁资本主义，这没有错；错的是他们预言市场竞争将迫使工厂主无论如何都要推动机械化。如果这种情况没有发生，那只能说明对于资本主义的本质而言，市场竞争事实上并不像他们假设的那样至关重要。不出意外，当前这种形式的资本主义——大部分竞争的形式似乎是在大型半垄断企业的官僚架构下进行内部营销——大概会令他们大吃一惊。[37]

资本主义的捍卫者通常持三个宽泛的历史主张：第一，它促进了科学和技术的快速发展；第二，不论它会为少数人带来多么巨量的财富，它都能增进所有人的整体繁荣；第三，这样做可以创造一个更安全、更民主的世界。事实上，就连资本主义的拥趸也逐渐不再声称它是一种绝佳的制度，转而声称它是唯一可能的制度，或者至少对于一个复杂的、技术上先进的社会（比如我们的社会）而言，它是唯一可能的制度。

身为一名人类学家，我总是在与后一种观点周旋。

怀疑者：随你怎么做乌托邦美梦，我说的是一个可以实际运转的政治或经济制度。经验告诉我们，我们现有的制度的的确确就是唯一的选择。

我：你特指我们当前形式的有限代议制政府，或者公司资本主义（corporate capitalism），是唯一可能的政治或经济制度吗？经验可不是这样告诉我们的。但凡回顾一下人类历史，你就会发现成百乃至上千种不同的政治和经济制度。其中许多看起来跟我们现有的大相径庭。

怀疑者：当然，但你说的是更简单的小规模社会，或者技术基础更简单的社会。我说的是现代的、复杂的、技术先进的社会。所以你的反例跑题了。

我：等一下，所以你的意思是技术进步实际上限制了我们社会的可能性？我认为应该恰恰相反！

可即便在这一点上做出让步，同意无论出于何种原因，虽然从前可能有过形形色色同样可行的经济体系，但现代工业技术已经创造了一个不复如是的世界——谁又能真的辩称，当前的经济安排放到任何可能的**未来**技术体制下，也是唯一可行的？这样的表述不言而喻是荒谬的。正常情况下，这我们怎么可能知道？

还真有人持这种立场，在政治光谱两端都有。身为人类学家和无政府主义者，我不得不经常与“反文明”人士打交道，他们不仅认定当前的工业技术只可能导向资本主义式的压迫，还坚信任何未来的技术也必将如此：故此，只有回到石器时代才能实现人类解放。我们大多数人都不是这样的技术决定论者。但归根结底，认为资本主义在当今是不可避免的，这般主张必须建立在某种技术决定论之上。正因如此，如果新自由主义资本主义的终极目标是创造一个没人相信还有其他经济制度可以真正运作的世界，那么它不仅需要压制任何关于救赎性未来必将到来的想法，而且根本不能允许人们想象任何完全不同的技术未来。这就有些矛盾了。它并不想让我们相信技术变革已走到尽头，毕竟，那便意味着资本主义不是真的进步。它想让我们相信技术进步确实在继续，我们的确生活在一个充满奇迹的世界里，但又要确保这些奇迹大都体现为小幅改良（最新款苹果手机！）、关于新发明即将问世的传言（“我听说飞行汽车真的快要有了”）、[38]越发复杂的信息和图像处理方式，以及越发复杂的填表平台。

我并不是在暗示新自由主义资本主义——或其他任何制度——会在这方面永远成功下去。首先，试图让世界相信你在引领技术进步，而实际上你却在阻碍它，这是个大问题。目前的美国在这方面就做得格外糟糕，基础设施日渐破败，面对全球变暖束手无策。（更不用说极具象征意义的载人航天计划了，当中国在这方面加快步伐时，美国却全然放弃。）其次，变革的步伐根本无法永远被牵制住，这是不争的事实。它充其量只能被拖慢。突破迟早会到来，惹麻烦的发现不可能被永久雪藏。另外，世界上其他官僚化程度较低的地区，或至少是官僚制不那么敌视创造性思维的地区，将慢慢地、不可避免地获得必要的资源，从美国及其盟友停下的地方继续向前。互联网确实提供了合作和传播的机会，最终也可能帮助我们突破壁垒。突破将出现在哪里？我们不得而知。在过去数年里，自从本文的第一版发表以来，出现了一系列新的可能性：3D 打印、材料技术的进步、自动驾驶汽车、新一代机器人，以及由此引发的关于机器人工厂和工作终结的新一轮讨论。另有迹象表明，物理学、生物学和其他科学即将取得概念性突破，这样的突破在现行正统理论绝对化、制度化的钳制下举步维艰，但很可能也将意味着深远的技术影响。

此时此刻，我认为有一件事可以确信：发明和真正的创新不会发生在当代公司资本主义的框架之内，或者说，很可能不会发生在任何形式的资本主义框架内。越来越明朗的是，要想真正着手在火星上搭建穹顶，更不用说找到可行的方法探明太空里是否真的有可供接触的外星文明，或者探明向虫洞内发射东西会有什么后果，我们必须想出一个完全不同的经济体制。它采取的形式当真只能是某种新的大规模官僚制吗？我们为什么假定那是必要的？也许我们只有打破现行的官僚架构才可能达成目标。如果我们真的想造出可以洗衣服或整理厨房的机器人，就要确保无论由哪种制度取代资本主义，它都必须建立在更加平等的财富和权力分配之上，其中不再有超级富豪，也不再有愿意替他们做家务的极端贫困人群。只有到那时，技术才会被重新整合起来，用于满足人类的需求。而这就是挣脱对冲基金经理和首席执行官桎梏的最佳理由——把我们被这些人囚禁在屏幕中的幻想解放出来，让我们的想象力再度成为一股物质力量，登上人类历史舞台。

第三章

规则的乌托邦，或为什么我们终究还是喜欢官僚制

人人都在抱怨官僚制。组成本书的文章本身就包含大篇幅的这类抱怨。似乎没人特别喜欢官僚制，但不知何故，我们最终总是会收获越来越多的官僚机构。

在这篇文章中，我想探问为何会这样，特别是考虑我们听到的许多对官僚制的笼统谴责可能带有虚伪成分。大部分时候对于我们中的许多人而言，以及至少某些时候对于我们所有人而言，在形式化规章制度的体系中和在各级非人格化官员下的工作体验，实际上确实具有一种隐蔽的吸引力。

* * *

现在，我知道这不是唯一可能的解释。有一个学派认为，官僚制倾向于以一种不合情理但不可避免的内在逻辑扩张。论点如下：如果你为了处理某个问题而创建一个官僚架构，那么该架构最终不免要造

成其他问题，而那些问题好像也只能借助官僚手段解决。在大学里，这有时被通俗地称作“成立委员会来处理委员会过多的问题”问题。

该论点的一个略有不同的变体，也是马克斯·韦伯关于这个主题的核心反思，是官僚制一经创建，就会立刻把自己变得不可或缺，让任何试图运用权力做任何事的人都绕不开它。它的主要做法就是尝试垄断某些关键类型的信息。对此，值得详细引用韦伯的话：

> 任何官僚制在追求的这种职业内部人的优势，都会通过对它的信息和意图的保密手段而进一步增大。官僚制行政总是倾向于排斥公众，尽可能隐蔽它的信息和行动以避免批评……
>
> “会务机密”的概念就是官僚制的特殊发明，除了上面提到的那些特殊领域以外，它还会迷恋于使用这一概念对几乎任何事情进行保密，而这种态度按照纯粹的功能性理由来说是不可能站得住脚的。在面对一个议会时，官僚出于一种可靠的权力本能，会想方设法战胜该机构凭借自己的手段获取有关方面内部信息的任何企图……
>
> 面对官僚制内行的优势知识，专制君主也是软弱无力的，在某种意义上说要比任何其他政治首脑更软弱无力。腓特烈大帝那些怒气冲冲的“废除农奴制”法令都在贯彻过程中出了轨，因为官员的机制完全把它们当作一个半吊子的心血来潮而置之不理。一个立宪国王只要与社会上举足轻重的那部分被治理者达成了一致，那么他对行政过程的影响往往会大于专制君主，因为他能够

更好地控制专家，这是至少相对公开的批评给他提供的条件，而专制君主却只能依赖官僚为他提供的信息。旧制度下（1905 年设置总理大臣之前）的俄国沙皇很少能把得罪官僚并侵犯其权力利益的任何事情贯彻到底。[1]

就像韦伯观察到的，官僚制的副作用之一就是它一经建立，便几乎不可能摆脱。我们所知的最早的官僚制出现在美索不达米亚和埃及。数千年间，王朝或统治精英更迭，而它们却始终存续，基本上未有改变。同样，一拨又一拨成功的入侵者不足以动摇古代中国的文官制度，无论号称奉天承运的是谁，办事、汇报和科举制度都岿然不动。事实上，韦伯还指出，外族入侵者比本土统治者更需要中国官僚严密把守的技能和知识，原因显而易见。韦伯认为，真正摆脱特定官僚制的唯一方法是把官僚通通杀光，就像哥特人阿拉里克（Alaric the Goth）在罗马帝国或成吉思汗在中东某些地区的做法。倘若在公职人员中留下大量活口，那么不出几年，王国的治理权最终必将落入他们手中。

第二个可能的解释是，官僚制不仅对统治者不可或缺，还强烈吸引着受其管理的人。此处，我们未必就要认同韦伯对官僚制效率的奇怪赞美。关于官僚程序的吸引力，最简单的解释是它们不带个人色彩。冷冰冰的、非人格化的官僚制关系很像现金交易，二者有着相似的优缺点。一方面，它们没有灵魂。另一方面，它们简单、可预测，而且多少一视同仁——至少在某些界限内。说白了，有谁真的想生活在一个什么都上升到灵魂的世界里呢？官僚制起码提供了这样一种与人打交道的可能性，不强求任何一方从事第一章中描述的那堆复杂又耗神的阐释性劳动，就好比你可以直接把钱放到柜台上而不必担心收银员怎么看待你的着装，或者出示带照片的有效证件而无须向图书管理员解释为何你如此热衷于阅读18世纪英国诗歌中的同性恋主题文献。这当然是部分吸引力所在。事实上，真要推敲起来，哪怕我们确实实现了某种乌托邦式的公社社会，也很难想象其中不再需要非人格化的（或者斗胆说，官僚的）机构，而原因就在于此。举个明显的例子：某种无差别的摇号系统或等候名单，可能会让苦苦等待器官移植的病人感到冷漠受伤，但心脏或肾脏的数量有限，其他更有人情味的分配方式也许会造成不可估量的更坏影响。

我说了，这是最简单的解释。但在这篇文章中，我想探索一下深层的可能性。不只是官僚制提供的无差别关系很方便而已；至少在某种程度上，我们关于理性、正义，特别是自由的观念，都建立在那之上。为了解释我为什么这样认为，我打算首先考察人类历史上的两个时刻，那时的官僚制形式激发出的不仅有广泛的消极默许，还有令人眼花缭乱的热情乃至痴迷，接着我会尝试准确把握，究竟是什么挑起了群情激昂。

一、祛魅的魅力，或者邮局的魔力

韦伯可以将官僚机构描述为理性效率的化身，一个原因是他那个时代的德国，官僚机构确实运转良好。其中的佼佼者、德国政务的荣耀，或许就是邮局。19 世纪末德国的邮政服务被视作现代世界的一大奇迹。事实上，它传奇般的效率给整个 20 世纪投下了某种可怕的阴影。我们现在说的“极端现代主义”（high modernism）的许多伟大成就都受到了德国邮局的启发，或者很多情况下直接模仿了它。而我们有充分的理由说，许多 20 世纪最可怕的灾祸也可以算到它头上。

要想理解个中原委，我们有必要对现代社会福利国家的真正起源稍做了解。如果今天还有人思考现代社会福利国家的话，那么基本观点都是它们由乐善好施的民主精英创立。这再离谱不过了。在欧洲，后来成为福利国家的大多数核心制度，从社会保险和养老金到公共图书馆和公共卫生所，它们最初的创建者根本不是政府，而是工会、社区联盟、合作社，以及这样那样的工人阶级政党和组织。许多这样的组织都参与了一项自觉的革命计划，“在旧社会的外壳下建设一个新社会”，从底层开始逐步建立社会主义制度。对一些组织来说，这项计划要与另一个目标相结合，即最终通过议会手段夺取政府控制权，而对其他组织来说，计划自成一体。须记住，在 19 世纪后期，即使是正统的信仰马克思主义的共产党，基本上也放弃了武力夺取政府控制权的念头，因为好像不再有这个必要了。身在和平的欧洲，见证了技术的飞速进步后，它们认为应当有可能通过和平的选举手段来造就一场社会革命。

德国是此类政党最成功的地方之一。尽管伟大的建国规划师奥托·冯·俾斯麦只给了议会有限权力，但他还是为工人政党的迅速崛起而困扰，并且不断担心未来可能会冒出一个社会主义多数党，或者在他刚统一的德国境内发生一场巴黎公社式起义。从1878年社会党取得选举胜利开始，他给出了双重应对举措：一方面，查禁社会党、工会和左翼报纸；另一方面，当这些并不奏效时（社会党候选人仍然能以独立人士身份参选并胜出），创造一个自上而下的替代方案，取代免费学校、工人协会、互助会、图书馆、剧院，以及更大规模的从底层开始建设社会主义的进程。其采取的形式是社会保险计划（涵盖失业、医疗和残障等）、义务教育、养老金，诸如此类，大多是社会党纲领中部分政策的打折版本，但每项都被小心剔除了任何民主的、参与性的要素。至少在私下里，俾斯麦直言不讳地将这些努力描述为“贿赂”，试图收买工人阶级，使其忠于他保守的民族主义计划。[2]等后来左翼政权实际掌权时，模板已然确立，而这些政权几乎不可避免地采用了同一套自上而下的方法，将地方上组织的诊所、图书馆、互助银行计划、工人教育中心等并入国家的行政架构。

在德国，这种新行政架构的真正典范是邮局。有点奇怪，不过一旦了解到邮政服务的历史，也就觉得顺理成章了。邮局本质上是自上而下的军事组织形式被运用于公共服务的初代尝试。历史上，邮政服务最早出现于军队和帝国组织中。它们起初是用来远距离传递战斗情报和命令的，后经扩展，成为打出来的帝国保持凝聚力的关键手段。这便有了希罗多德关于波斯帝国信使的名言，他认为那些信使借助等距分设的驿站和各站配备的马匹，可以实现地球上最快的旅行：“下雨或下雪，酷暑或暗夜，信使的交付速战速决。”这句话至今仍刻在纽约的中央邮局大楼入口处，正对着宾夕法尼亚车站。[3]罗马帝国也有类似的系统，而几乎所有军队调遣都依赖邮政速递系统，直到拿破仑于 1805 年启用旗语（semaphore）传信。

18 世纪，尤其是 19 世纪政府治理的重大创新之一，就是将曾经的军用邮递系统加以扩展，使其成为一项新兴的民用公共服务的基础。这种扩展始于商业领域，随着商人也开始用邮政进行个人和政治通信，邮政服务的覆盖面逐步扩大，到最后几乎人人都在使用它。[4]没过多久，在欧洲和美洲的许多新兴民族国家，一半的政府预算和超过半数的公务员都投在了邮政服务上。[5]

甚至可以说，德国建国的头号功臣就是邮局。在神圣罗马帝国治下，遵照封建规矩，在帝国疆域内运营邮政速递系统的权利被授予了一个最初源自米兰的贵族家族，后来为人所知的称号是冯·图恩和塔克西斯男爵（Barons von Thurn and Taxis）。［相传，家族的一位后人发明了出租车计价器，所以出租车（taxicab）以他的名字命名。］普鲁士王国最初于 1867 年买断了图恩和塔克西斯家族的垄断经营，在此基础上确立了一个新的德意志国营邮政系统——在其后 20 年里，某个新的邦国或公国被纳入这个新兴民族国家的明确迹象就是被并入德国邮政系统。部分缘于此，这套系统光彩夺目的效率成就了一部分民族自豪感。的确，对于 19 世纪后期的德国邮政，人们无以名状，唯有叹服。在各大城市，每天有多达 5 次乃至 9 次投递，而在首都，多条长达数英里的气动传输管组成了一个庞大网络，运用空气压缩系统瞬时远距离投射信件和小包裹。

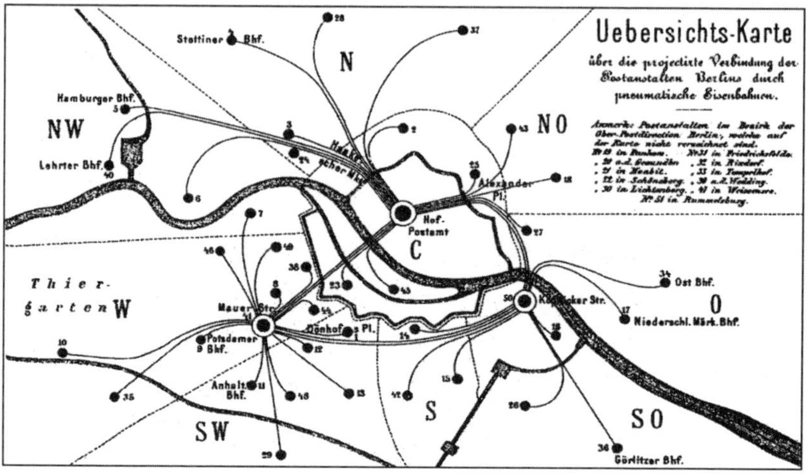

1873 年柏林的气动传输管邮政系统地图

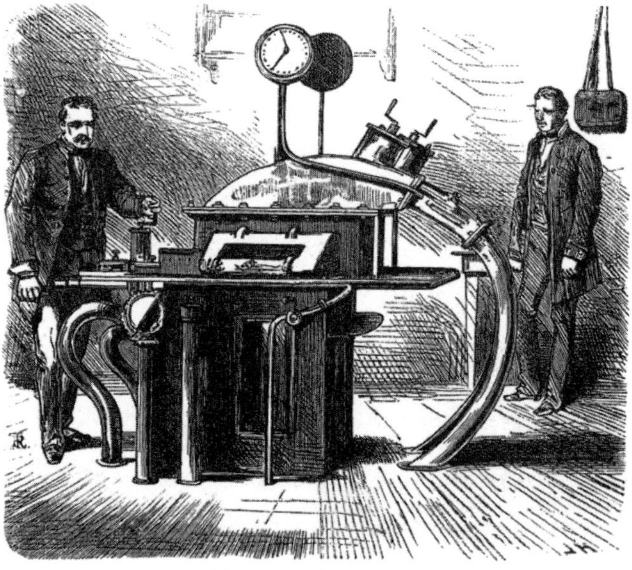

Fig. 613. Rohrpostamt.

曾在1891年至1892年间短居柏林的马克·吐温对此深深着迷，并撰写了他仅有的一篇非讽刺文章——《邮政服务》，就为了赞美它神乎其神的高效。[6] 为之折服的外国人不止他一个。就在俄国革命爆发前几个月，弗拉基米尔·伊里奇·列宁写道：

> 19世纪70年代，有一位聪明的德国社会民主党人认为**邮政**是社会主义经济的模型。这是非常正确的。目前邮政是按国家**资本主义**垄断组织的样式组成的一种经济。帝国主义逐渐把所有托拉斯都变为这种样式的组织……
>
> 把**整个**国民经济组织得像邮政一样，做到在武装的无产阶级的监督和领导下使技术人员、监工和会计，如同**所有**公职人员一样，都领取不超过"工人工资"的报酬，这就是我们最近的目标。[7]

有凭有据。苏联的组织结构直接效法了德国邮政。

为之折服的也不只是国家社会主义者。就连无政府主义者也有份；尽管他们的兴趣点不在国家体系，而在彼此之间的关系——即便不存在任何单一的总体国家（overarching state），人们仍然有可能将一封信从委内瑞拉寄往中国。事实上，彼得·克鲁泡特金（Peter Kropotkin）经常援引1878年国际性的"万国邮政联盟"（以及各铁道公司之间的协议）作为无政府主义的典范，同样强调这是某种在帝国主义体系之上**已经**成形的东西：

邮政联盟没有选举出一个国际邮政议会，替所有联盟下属的邮政组织制定法律……它们采取的是协议的手段。为了协商一致，它们诉诸代表大会；但它们没有对参会代表说："随你所愿投票吧，我们都将服从。"它们首先要在自己内部提出问题并展开讨论，再针对需要上大会讨论的特殊问题，派出熟悉该问题的代表参会，须知它们派出的是**代表**——不是统治者。[8]

这种从邮局系统中浮现的、蕴藏着未来天堂的愿景不局限在欧洲。事实上，很快崛起并与德国竞争全球影响力的国家——美国，也被视为新式文明的典范，而初步证据正是美国自己的邮政服务。早在19世纪30年代，托克维尔就已经震惊于美国邮政系统的规模，以及即使在边境地区也大量流通着的信件。在一次穿越肯塔基州前往密歇根州的旅途中，他留意到："信件和报纸在这些荒林间的流通量十分惊人。"据他计算，甚至超过了法国人口最稠密、商业最繁荣的省份。用后来的一位美利坚合众国历史学家的话说：

美国的邮政系统很快就会比英国或法国的更庞大。到了1816年，邮政系统已拥有超过3 300个办事处，雇用着将近70%的联邦文职人员。邮件数量的增长同样迅速。1790年，邮政系统只投递了30万封信，相当于每15人一封。到了1815年，它全年投递将近750万封信，相当于人均一封……而且，不同于英国和其他欧洲国家，邮件的投送不受政府的监督或管制。[9]

事实上，在19世纪的大部分时间里，在大部分美国人眼中，邮政服务实际上就等于联邦政府。到了1831年，其雇员数量已经远超所有其他政府部门人数的总和，规模大大超过了军队，而且对于大多数小镇居民而言，邮局职工是他们唯一可能接触到的联邦公职人员。

对欧洲而言，那时的美国本身就是某种乌托邦试验——拒斥自由放任经济，还广泛依赖合作社、政府资助项目和关税保护。只是到南北战争之后，随着公司资本主义的兴起，美国才同样启用了更接近德国官僚资本主义模式的制度。发生这种情况后，民粹主义者和进步主义者（尤其是后者）开始将邮局模式视为主要的可行替代方案。再一次地，一个新的、更自由、更理性社会的形态似乎就脱胎自压迫结构本身。在美国，人们使用的术语是“邮政化”（postalization）——一个美国独创的对国有化的代称（而且很显然，它已经从英语中完全消失了）。而就在韦伯和列宁将德国邮政作为畅想未来的模板时，美国的进步主义者已经开始论证，即使是私营企业也会在邮局式的经营下变得更有效率，他们还在“邮政化”方面取得了不少重大胜利，例如对曾经私营的地铁、通勤列车和州际火车系统实行了国有化；在美国大城市，这些系统的公共属性从那时起便一直维持了下来。

回头看去，所有这些邮政乌托邦幻想，往好了说，显得挺别致的。我们今天一提国营邮政系统，主要联想到的都是我们本不想要却送上门的东西：水电费账单、透支提醒、邮购商品目录、拉票、抽奖、陪审团传召、税务审计、过时不候的信用卡推广和慈善募捐。至于邮政雇员在美国人心目中的普遍形象，则变得越来越不堪。但这一切并非事出无因。这缘于有意为之的政策选择。自 20 世纪 80 年代以来，在立法者的牵头下，政府系统性地从邮局回撤资金，并鼓励私人资金取而代之，这是一项持续至今的运动的一部分，旨在说服美国人认为政府并不真的靠得住。[10] 结果，邮政服务迅速成为一切国家官僚机构过错的代名词：层出不穷的新闻报道中出现的罢工、染上毒瘾的工人、堆满多年未投递的邮件的房子，当然，最著名的还是每隔一阵就有雇员“发邮疯”（go postal）*，朝经理、同事、警察或普通民众开火。事实上，我能找到的唯一用到“邮政化”这一术语的当代文献，就是一篇关于工作场所暴力的文章——美国公司的邮政化，谴责暴力袭击老板和同事的流行病是如何从公共部门蔓延到私营公司的。

有一本引人入胜的书，书名为《发邮疯：暴怒、谋杀和叛乱，从里根的工作场所到克林顿的哥伦拜恩及至其他》（*Going Postal: Rage, Murder, and Rebellion from Reagan's Workplaces to Clinton's Columbine and Beyond*）。在书中，马克·埃姆斯（Mark Ames）遴选了一些这类事件的相关新闻报道［这类事件的确很快就从邮局扩散到了私营办公楼和工厂，甚至发生在 UPS（优比速）这样的私营邮政服务公司，但在此过程中，它们也变得越发司空见惯，以至于其中许多起都没有成为全国新闻］，并指出报道的措辞总是将这些事件描述为

* 俚语短语 go postal 指的是在一怒之下射击或袭击同事（或随机目标），通常出于对工作境况的不满。该短语起源于 20 世纪 80 年代和 90 年代美国邮局发生的一系列孤立的恶性事件，在这些事件中，邮政职员枪杀了经理、同事或民众。该短语的引申含义是发疯或暴怒（往往伴有暴力倾向）。为了体现出短语和邮政之间的关联，此处译作“发邮疯”。——译者注

莫名其妙的个人愤怒和癫狂引发的行为，而全然不考虑那些往往构成了当事人刺激源的系统性侮辱，这与19世纪新闻界报道奴隶起义的方式有着惊人的相似之处。[11] 埃姆斯留意到，在美国历史上，有组织的奴隶起义少得出奇。但是发生过相当多起事件，其中个别奴隶或小团体以类似的方式攻击了监工、主人及其家人，使用的是斧头、刀、毒药或手边任何能直接拿来实施暴力的工具。两种情境中，记者都将这类爆发归咎于个人的精神错乱或没来由的恶意。事实上，即使只是暗示对此可能存在结构性解释——比如提及奴隶制的邪恶之处，或者指出在20世纪80年代的改革之前，在公司文化尚能保障工人稳定的终身就业、保护工人免受上级的专横和羞辱时，美国历史上从未发生过一起工作场所屠杀（奴隶发起的**除外**）——好像都有点不道德，因为这似乎在影射此类暴力在某种程度上是正当的。

同样不可否认的是，这套话语背后受了种族因素的极大影响。正因为在20世纪大部分时间里，邮局在工人阶级非裔美国人社区眼中是稳定、有保障、体面和社区服务型工作的典范，[12] 所以在里根时代之后，它的形象承载了在极端种族主义者眼中一个福利国家会造成的一切堕落、暴力、药物滥用和低效率。（将非裔美国人与古板的官僚和骇人的随机暴力画等号，这种认知在美国流行文化中一再出现——尽管集两者于一身的情况确实很少。动作片中有一个常见的奇怪设定，特立独行的主角那循规蹈矩的烦人老板几乎总是黑人。）[13]

* * *

不过，就在邮政服务承受着符号性讨伐，其形象在大众想象中跌落到了疯狂、堕落和暴力的位置时，某种酷似19世纪与20世纪之交的对邮政服务的痴迷再度出现。让我们总结一下迄今为止的故事经过：

> 军方发展出了一种新的通信技术。
>
> 它迅速传播开来，从根本上重塑了日常生活。
>
> 它以炫目的效率著称。
>
> 因为它基于非市场原则运行，于是很快被激进分子认定为一个未来的、非资本主义的经济体制在旧外壳下的萌芽。
>
> 尽管如此，它也迅速成为政府监视、无数新式广告传播和冗余文书工作的媒介。

通过这些术语的表述，我所指的应该够明显了。这基本就是互联网的历程。电子邮件说白了，不就是一个巨型的、覆盖全球的、电子的、超高效的邮局吗？互联网不也一样？它营造出一种非常有效的合作经济新形式，从资本主义旧外壳下出现——即便它将我们淹没在骗局、垃圾邮件和商业推广之中，并允许政府以全新的创造性方式监视我们。

不同之处是存在的。最明显的就是互联网涉及一种更具参与性的、自下而上的合作形式。这点很重要。但就目前而言，我更感兴趣的不是这一现象更大的历史意义，而是一个问题：这向我们揭示出官僚制本身怎样的吸引力？

首先,似乎至关重要的一点是,虽然邮政服务和互联网都源自军方，但它们可以被视作将军事技术运用于典型反军事目的的例子。正如我论证过的，有组织的暴力，作为一种沟通形式而言，是一种从根本上剥夺、简化并最终阻止了沟通的形式；作为一种行动形式而言，实际上是一种反行动的形式，因为其终极意图是防止他人有能力采取行动（要么阻止他们以特定的方式行动，要么通过杀死他们从而使他们永远无法再进行任何行动）。而这里我们有一种方法，能把军事体系中典型的那些极致简化的行动和沟通形式——无论是指挥链还是二进制代码——转变为无形的基础，可供在此之上建构任何与它们不同的东西：梦想、规划、爱与激情的表白、艺术的宣泄、颠覆性宣言，或几乎任何其他事物。它们使本不可能存在的社会关系得以被创造和维系。但所有这一切也意味着，官僚制最吸引我们，也就是最让我们感到自由的时候，正是它隐身的时候：它变得无比理性又可靠，以至于我们直接视其为理所应当，尽可以躺在数字之床上酣然入眠，而一觉醒来后，那些数字仍会像原来那般秩序井然。

在这个意义上，官僚制的魅力时刻是当它可以被视作一种我所谓的诗性技术时，也就是说，一种通常起源于军方的机械的组织形式，可以被调动起来去实现本不可能的构想：从无到有创造城市，登上高天，让沙漠绽开花朵。在人类历史的大部分时间里，这般权力只属于帝国统治者或征服军将领，所以我们甚至可以说，这里体现了一种专制的民主化。从前，招招手就能唤来一支可以自己组织起来去实现任何奇想的零部件大军，这种特权只有极少数特权阶层才能享有；在现代世界，它可以被细分成数百万个小份，提供给每一个有能力写信或轻按开关的人。[14]

这一切都暗含了某种非常特殊的自由观。而且，我认为它标志着一种逆转，逆转了早前那些影响极其深远的对理性的看法。

我来解释一下这话的意思。

西方知识传统总是倾向于假设，人类的理性能力首先是作为抑制我们低级本能的方式而存在的。这种假设在柏拉图和亚里士多德那里已有端倪，又在经典的灵魂理论被吸纳进基督教和伊斯兰教后得到了有力强化。按照这种论证思路，不错，我们都有动物性的欲望和激情，就好比我们拥有创造力和想象力一样，但这些冲动终究是混乱和反社会的。理性的存在，无论存在于个体还是政治团体，为的就是控制住我们低级的本性，压制、引导和遏制潜在的暴力能量，使之不至于走向混乱和互相毁灭。它是一种道德力量。举个例子，这就是为什么“城邦”（polis）这个指代政治共同体和理性秩序之地的词，成了“礼貌”（politeness）和“警察”（police）的词根。因此，这一传统也总有一层暗含的意思：我们的创造力必然与邪恶有染，哪怕只是暧昧不明的关系。

正如我一直在描述的那样，官僚民粹主义的出现呼应了这种理性观的彻底反转。对于这种新的理想标准，大卫·休谟有个最著名的总结：“理性是且只应是激情的奴隶。”[15] 在这种观点看来，理性无关道德。它是个纯粹的技术事物——一个工具，一台机器，一种计算如何最有效地达成目标的手段，而那些目标本身是不能以任何理性方式评估的。理性无法告诉我们应该欲求什么。它只能告诉我们怎样最好地得到它。

在两个版本的理解中，理性不知何故都外在于创造、欲望或激情。不过，在一个版本中，理性的作用是抑制激情；在另一个版本中，理性是为它们助力的。

将这种逻辑发扬光大的或许是经济学这门新兴学科，但这一逻辑与官僚制的渊源至少和与市场的渊源一样深。（须记住，大多数经济学家都受雇于这样那样的大型官僚组织，现在如此，而且一直以来都是如此。）认为人们可以在手段与目的、事实与价值之间做出严格区分，这一整套观念是官僚思维定式的产物，因为官僚制是第一个也是唯一一个将做事的手段与被做的事情完全分离的社会制度。[16] 凭借这种方式，官僚制实际上在相当长的一段时间内深深嵌入了至少绝大部分世界人口的常识之中。

但与此同时，更古老的关于理性的观念从未完全消失。相反，堪称截然对立的两者始终并存，尽管时有摩擦。故此，我们理解中的理性概念本身就奇怪地不自洽。这个词该表达的意思完全含混不清。它有时是手段，有时是目的；有时无关道德，有时决定着何为正当和善。有时候，它是一种解决问题的方法；其他时候，它自身就是一切可能问题的解决方案。

二、作为一种灵性（Spirituality）形式的理性主义

如此古怪的事态值得推敲，因为它是我们理解官僚制概念的核心。一方面，有观念认为官僚体系只是中立的社会技术。它们只是从一处去往另一处的方式，对事情的对错没有任何影响。我的一位朋友曾就读于普林斯顿的伍德罗·威尔逊公共和国际事务学院*，一个举世闻名的高水平管理者培训基地。我清楚记得他曾又惊又喜地告诉我，他刚刚被要求修一门叫作“价值无涉伦理学”（value free ethics）的课。这从表面上听来很荒谬。但的的确确，官僚角色所秉持的观念——他们是公仆，而仆人的职责就是听从主人的任何吩咐——必定会导致上述概念出现。然而，鉴于他们的主人是所谓的“公众”，这就造成了某些问题：怎样才能确切弄清公众究竟想让他们做什么？“价值无涉伦理学”课程是这样教导初出茅庐的公务员的：比方说，规划师需要设计一套高速公路系统，就可以应用定量方法来确定一些事项在公众心目中的相对重要性：（a）上班不迟到，（b）不在车祸中丧命或残废［套用经济学行话，就是他们在这个问题上的显示性偏好（revealed preference）］，再参照结果设定限速。

而现代社会中遗存的早前观念与此截然对立，它将理性视作道德

* 美国普林斯顿大学下设学院，主要提供与公共政策相关的本科及研究生课程。该学院已于 2020 年 6 月 27 日移除了美国前总统、前普林斯顿大学校长伍德罗·威尔逊的冠名，更名为普林斯顿公共和国际事务学院，以示对威尔逊种族主义立场的反对。——译者注

秩序，因而就是目的本身。几乎任何持乌托邦愿景的人，无论是社会主义者还是自由市场论者，就这点而言也可以算作宗教基要主义者，都梦想建立一种不同于当前安排、具有某种自洽意义的社会秩序，而那将代表理性战胜了混乱。[17] 无须多言，事实一再证明，任何这类项目的奠基石都是建立一套有效的官僚制。

围绕"理性"在政治中扮演何种角色的争论，几乎总是伴随着这两种矛盾思想的拉锯和反复。

* * *

如果尝试追溯基本的定义，情况非但不会好转，还会在许多方面恶化。哲学家们甚至在"理性"一词的含义上都没能达成共识。例如，根据一种传统，理性就是运用逻辑，运用纯粹的、不受情绪影响的思想；这种纯粹客观的思想后来被视作科学探究的基础。这种定义被广为接纳，但存在一个根本的问题：科学探究本身已经证明它不太可能成立。认知心理学家一再证实，不存在脱离情感的纯粹思想；没有情感的人根本无法思考。[18]

其他人偏好一种更实用主义的方法，只是声称可以将理性论证定义为既基于经验现实，又在形式上逻辑自洽的论证。这里的问题是，两项标准之间并无太大关联。一个关乎观察，另一个关乎推理。[19] 它们能有什么共同点？主要的共同点大概就是，当有人给出妄想的或不自洽的论证时，我们都可能会认为那人脑子不太好。某种程度上，这不无道理：我们确实会形容疯子是"非理性的"。但如果照这样看，那么形容某人或某个论证是“理性的”，几乎等于什么也没说。这种表述相当无力。你只是在说他们没有表现出明显的精神错乱而已。

但是反过来看，你会意识到，声称自己的政治立场基于“理性”是一种强有力的表述。事实上，它傲慢至极，因为这意味着持不同立场的人不但错了，而且疯了。同样，说一个人希望建立一种“理性的”社会秩序，其言下之意是当前的社会安排怕不是由疯人院病人设计的。当然了，如今我们所有人都曾在某一刻确实有过这种感觉。但别的不说，这是个极其不宽容的立场，因为这意味着你的对手不仅是错误的，而且在某种意义上甚至不知道什么才叫正确，除非奇迹发生，他们愿意过来领受理性之光，并决定接受你自己的概念框架和观点。

这种将理性奉为政治美德的倾向造成了事与愿违的效果，惹得那些反感这种自命不凡或自我标榜的人断然拒斥理性，信奉起“非理性主义”。当然了，如果只考虑对理性的极简定义，那么任何此类立场都是荒谬的。你无法真的给出一个反对理性的论证，因为要使该论证令人信服，那么它本身必须在理性的框架下进行。但凡一个人愿意与另一个人论辩，那他就必须接受，至少是默认接受，基于准确评估现实而做出的论证要好过那些缺乏准确现实依据的论证（也就是说，把所有建筑物都由鲜奶酪制成作为前提假设的任何论证都不值得认真对待），还有，遵循逻辑规律的论证要好过违背逻辑规律的论证（亦即，由于辛辛那提市长是人，因此所有人都是辛辛那提市长，这种论证同样可以不予理会）。

本文无意展开分析这种情况导致的多种逻辑陷阱和矛盾。我只是希望弄明白，我们究竟是怎么走到这一步的。对此，我想我们唯有追本溯源，回到公元前1000年中叶南意大利的那些希腊城邦，看看西方概念中“理性”的历史渊源。

首个以理性主义者形象示人，并将理性本身视作一种价值的哲学学派是毕达哥拉斯学派。它既是哲学学派，也是科学学派，还是某种政治教派或帮会，一度控制了数座意大利城市。[20]根据他们伟大的思想发现，在几何、音程和星球运行中可以观察到的数学比例之间存在形式上的相似性。他们得出的结论是，宇宙至少在某种终极层面上由数字构成。这种观点如今之所以广为人知，主要归功于听不见的“天体音乐”这一迷人概念。根据毕达哥拉斯学派的说法，宇宙是理性的，因为它从根本上是一种对数字、音高和振动之原理的表达，而当人类心灵（或灵魂）运用其理性力量时，它只是在参与更大的理性秩序，那个为一切赋予生命的冥冥之中的“世界灵魂”。[21]

柏拉图在《蒂迈欧篇》（*Timaeus*）中采用的大体上就是这样一种宇宙观，而它产生了巨大的影响。事实上，到一二世纪的罗马帝国，几乎所有主要的哲学学派都采用了毕达哥拉斯学派基本思想的变体；不单是新柏拉图学派，还有斯多葛学派，甚至在某种程度上也包括伊壁鸠鲁学派。更重要的是，它构成了古典时代晚期兴起的一种信仰的基础，这种得名自汉斯·约阿斯（Hans Joas）的“宇宙宗教”（cosmic religion）融古希腊宇宙学推论、古巴比伦占星术和古埃及神学元素为一体，通常还结合了犹太思想和各种民间的巫术传统。[22]就像约阿斯指出的，这种宇宙宗教——假定上帝、理性和宇宙是同一的，而人类的高等机能本身就是参与这一理性宇宙秩序的形式——纵然宏大，却代表了一种政治上的退让。与大多数古希腊哲学家一样，毕达哥拉斯学派成员一向热衷参与城邦的政治生活，经常试图在理性基础上对其进行重组。在罗马帝国治下，这是不可能的。一切政治议题都已尘埃落定。一套单一的、显然也是永恒的法律和官僚秩序规范着公共事务；知识分子并无改变这种结构的抱负，而是越来越多地彻底倒向神秘主义，渴望找到新的途径完全超越尘世的体系，上升至各种天体之间，洗脱自己的物质属性，进入纯粹理性的纯净空间。而在那个神圣国度里，超验的数学法则支配着时间和运动，并使其终成虚幻。这些法则不是上帝强加的，他**就是**这些法则。这样一来，人的理性不过是那个神圣原理作用于我们之内。在这个意义上，理性不仅仅是一种灵性概念，它还是神秘主义的，是一种与神性联合的技术。

这套关于理性本质的假说经由圣奥古斯丁被吸收进了基督教，也影响了几乎所有的中世纪哲学，尽管它很难与一个超验的随心所欲的造物主的概念相调和（而事实上，许多中世纪哲学的关切正是探讨调和两者的不同方式）。

在很多方面，所有这些假设仍存在于我们中间。就说我们小时候都学过的这个概念，大多数人都当它是不言而喻的真理：人类与其他动物的区别在于理性（作为一个物种，我们“具备推理的机能”）。这是非常具有中世纪色彩的概念。[23] 仔细想想，它好像也没多少道理。如果“理性”只是有能力差不多准确地评估现实并得出合乎逻辑的结论，那么大多数动物都极为理性。它们随时都在解决问题。大多数动物在这方面或许不如人类那么擅长，但这够不上物种间的根本区别。在其他机能中，还有很多更合适的备选项，它们似乎的确为人类所独有。一个明摆着的选择是想象力。动物始终在以看上去是理性的、计算的、以目标导向的方式行事，但很难证明它们中的大多数参与创造了有自我意识的幻想世界。[24]因此，人类学家埃德蒙·利奇（Edmund Leach）曾说，人类不同于动物的地方不在于拥有不朽的灵魂，而在于能够想象自己拥有不朽的灵魂。[25]当然了，如果灵魂是理性之所在，是人身上的神性元素，那么说人类拥有不朽的灵魂和说他们是理性的生物，实际上表达的意思完全相同。[26]

把理性作为人类在生物界独一无二的证明，是存在巨链（Great Chain of Being）逻辑不可避免会推导出的结论。依照该逻辑，所有生物都同处一个理性阶序之中，与上帝越接近，理性程度越高，而人类在自然秩序中位列最高，介于动物与天使之间。

古典时代晚期的宏大宇宙阶序包括执政官、行星和众神，整体遵循抽象的理性法则运转，很容易看出，这样的图景不过是罗马的法律和官僚秩序的超级放大版。不寻常之处在于，这幅从根本上官僚化的宇宙图景，何以在罗马帝国崩溃后仍然存续了千年之久。中世纪和文艺复兴时期的神学家创作了数不胜数的小册子来探讨天使的等级；在古代哲学家的一众构想中，天阶体系呈现宇宙的方式可谓最成体系的官僚式。[27]

举个例子，16 世纪，马尔西利奥·斐奇诺（Marsilio Ficino）通过圣托马斯·阿奎那和但丁的阐释，借鉴了一位真名不详的 4 世纪基

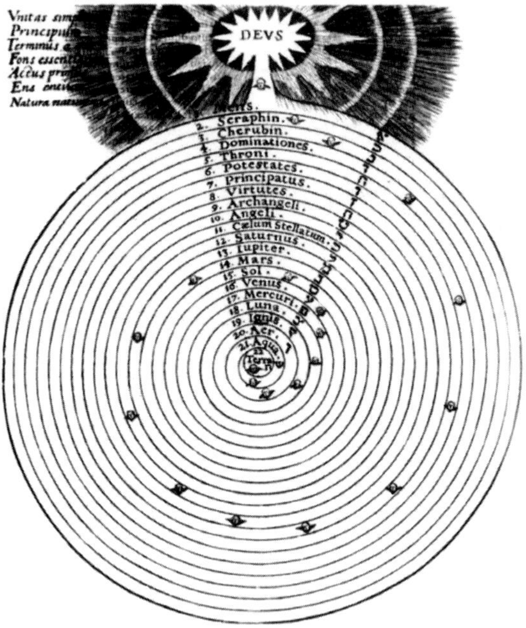

督教新柏拉图主义者的成果，列出了如下的天使等级：

炽天使（Seraphim）：揣度上帝的秩序和旨意。

智天使（Cherubim）：揣度上帝的本质和形式。

座天使（Thrones）：同样负责揣度，尽管其中一些会降格去工作。

主天使（Dominions）：类似建筑师，设计方案供其余人执行。

力天使（Virtues）：执行，推动诸天，充当上帝创造奇迹的工具。

能天使（Powers）：守护神治秩序不受干扰，其中一些会降格去从事人间事务。

权天使（Principalities）：照顾公共事务、国家、君主、地方政务官。

大天使（Archangels）：指导敬神事宜，照看圣物。

天使（Angels）：料理更小的事务，作为守护天使照看个人。[28]

天使是“天国的智能”（celestial intelligence），由从事纯粹的思考到关注尘世事务的实际治理依次排序。就在欧洲的实际治理已支离破碎到无以复加时，它的知识分子们正忙着探讨在一个单一的、宏大的、统一的、想象的宇宙行政体系中的确切权力划分。

* * *

古典时代晚期的宏大综合体在文艺复兴时期得到了斐奇诺、阿格里帕、乔尔丹诺·布鲁诺等炼金术士和法师的复兴（并在此过程中融合了卡巴拉*和其他灵性传统），如今在很大程度上作为西方仪式巫术的基础得以幸存。启蒙运动按理说应当标志着与它的根本决裂。但根本的假设结构并未真正改变。笛卡儿及其后继者求诸理性，这在根本上仍然是宗教性的乃至神秘主义的志趣，而被假定为思想之本质的数学或类数学的抽象原理，也是规范自然的排序原理——无论它们被视同上帝，还是被视作上帝不存在的终极证据，都没有改变这种状况。

---

* 卡巴拉（Cabala），又称“希伯来神秘哲学”。基督教产生以前就已在犹太教内部发展起来的一整套神秘主义学说。——译者注

这有些令人难以置信，因为很显然，我们如今不再将灵魂视同理性，而是视同一切使我们独一无二或富于想象力的东西。但这种观点是浪漫主义时期的产物，并且在当时几乎标志着与早前观念的完全决裂。再次说明，本文无意深入考察由此引发的关于理性、想象和欲望之间关系的论争，但这场决裂确实有助于我们理解为何“理性”的概念，特别是官僚理性的概念，好像永远无法将自己局限于演绎推理甚或技术效率这些简单问题，而几乎总是试图把自己变成某种宏大的宇宙级规划。

三、论反官僚幻想的官僚化

> 我决定再也不关心（学术）工作的时刻，就是我在办公时间打游戏时不再静音的那一刻。会有某个学生在门外等他的作业反馈，而我心想：“等会儿，等我杀掉这个侏儒再说。”
>
> ——学界友人（出于显而易见的原因隐去姓名）

现代科学在一定程度上建立在宗教志趣的基础之上，当然，这绝对不意味着它的发现就不正确。但我认为这确实表明，每当有人号称尝试建立一个更理性的社会秩序时，我们最好退后一步，好好琢磨一下。（尤其是当除了理性之外，他们还可以将那种社会秩序坦然标榜为更体面、更少暴力或更公正的时候。）

* * *

我们已经看到欧洲中世纪如何产生了一个虚拟的天国官僚制构想。它以遥远的古罗马官僚制为基础，[29]那种制度被视作宇宙理性的化身。在它出现的时代，罕有真正落地的官僚制。当然了，久而久之，情况逐渐不复如此。但随着新的官僚制国家真正出现，特别是随着官僚理性在 18 世纪和 19 世纪的欧洲和美国成为治理的主导原则，我们见证了一种反向运动：兴起了一个同样虚幻的中世纪构想，充斥着王子、骑士、仙女、龙、巫师和独角兽；最终发展出霍比特人、矮人和半兽人。这个世界在许多最重要的方面分明是反官僚的，也就是说，它旗帜鲜明地拒斥官僚制的几乎一切核心价值观。

在上一篇文章中，我观察到科幻作品已经列出了一张相当标准化的未来发明清单（从瞬间移动到曲率引擎），而且被应用得相当频繁，不仅在文学中，还在游戏、电视节目、漫画和类似地方，以至于几乎所有加拿大、挪威或日本的青少年都对它们了然于胸。奇幻文学的基本要素也是同理。尽管不同文本、不同电影之间差异明显，但存在一套相当一致的核心设定：角色类型、政体（大都基于魔法）、技术、怪兽和文化传统。不用说，它与中世纪的真实面貌几乎没有任何层面上的相似之处。但为了理解这个世界的真正的历史渊源，我们需要回溯过去。

* * *

我们习惯将“国家”当成一个单一的实体，但实际上，我认为最好将现代国家视作三种不同元素的汇集。三者的历史渊源截然不同，彼此之间没有内在联系，并且可能已经处在分道扬镳的过程之中。

我将称它们为主权（sovereignty）、行政（administration）和政治（politics）。

主权通常被用作国家的定义性特征：主权国家是指其统治者宣称在指定领土范围内垄断了对暴力的合法使用权。大多数古代世界的政府，就此而言也可算上大多数中世纪的政府，从来不是从这个意义上宣示主权的。它们也从没想过要这样做：这是征服帝国的逻辑，绝对不属于任何文明社会。

第二原则是行政。在没有单一权力中心强制执行自身决定的情况下，它同样可以存在，而这实际上经常发生。当然，它也可以被简单称为官僚制。事实上，来自美索不达米亚的最新考古证据表明，官僚技术的出现不仅先于主权国家，甚至先于第一批城市。发明它们不是为了规模化管理，不是为了组织已经大到无法展开面对面互动的社会。相反，似乎是在它们的促进下，人们才会聚集到这样的大型社区。至少，从记录看来似乎是这样。产品标准化、存储、认证、簿记、再分配和会计貌似都出现在公元前 5 千纪的底格里斯河和幼发拉底河及其支流沿岸的小城镇，早于“城市革命”千年之久。[30] 我们无法如实了解原因和经过，甚至不清楚那时是否已有了真正的官僚（此处指的是一个明确的受过训练的办事员阶层），还是只出现了官僚技术。但自从有准确历史记载的时候起，官僚显然就存在了：我们发现大规模的庙宇和宫殿建筑群配有一个训练有素的抄写员阶层，负责仔细登记和分配各种资源。

我们可以将第三原则称为“政治”，前提是在最大的意义上使用这个词。显然，在最小的意义上，任何人做的任何事都可以说带有政治色彩，因为它涉及权力争夺。但只在某些社会体系中，这种意义上的政治才凭一己之力成为一项观赏性运动（spectator sport）：其间，有权势的人物不断地进行公开角逐，以此笼络追随者并获取支持。我们如今视它为民主治国体系的一环，但在人类历史的大部分时间里，它更像是一种贵族现象。只消想想《荷马史诗》中的英雄，抑或是日耳曼、凯尔特或印度史诗中的英雄，他们一刻不停地自夸、决斗、争相组织最盛大的宴席或最壮观的祭典，或是比拼谁的馈赠更铺张。[31]这类被称为“英雄”的社会秩序，代表了政治的精髓。它们不承认主权原则，可也不建立行政制度。有时会有一位至高无上的国王，但权力通常极为有限，或只是个纯粹的名誉领袖。真正的权力一直是变动不居的：具有个人魅力的贵族们各自聚集起一众追随者，其中最成功的会挖走对手的人马，而其他人则一败涂地，或衰落到无名。

这种意义上的政治本质上始终是一种贵族现象。（举个例子，进驻美国参议院的全是百万富翁，这不是没有原因的。）这就是为什么在欧洲历史上大部分时间里，选举被视作贵族的而非民主的公职人员选拔方式。毕竟，“贵族制”（aristocracy）的字面意思就是“最优者的统治”，而选举公认的意思是，普通公民在其中的唯一作用就是从“最优”公民中选定一个特优者，在很多情况下，他们的做法类似于荷马时代的家臣，或者蒙古骑兵，可能会转投某个新的个人魅力型战斗领袖。（相较之下，至少从希腊时代开始，民主的官员选拔方式被认为是抽签，即随机选取普通公民担任职务。）

这一切跟龙和巫师有什么关系？实际上大有关系。因为我们掌握的所有证据都显示，这种英雄秩序并不是伴随着官僚社会自发出现，而是作为官僚秩序的一种共生竞争出现的；它们之所以在很久以后仍然为人铭记，是因为代表了对一切官僚特质的拒斥。

* * *

这里，我又要说回考古学了，尤其是我的朋友大卫·温格罗（David Wengrow）关于古代中东地区的研究。[32] 我所说的“英雄社会”确切的发源地似乎是丘陵、山脉、沙漠或草原，地处美索不达米亚、埃及或印度河谷的伟大商业-官僚社会的边缘，再后来是罗马、波斯或古代中国等帝国的边缘。经济上，这些社会与城市中心联系颇多。它们往往为城市供应原材料，并从城市工坊进口各式各样的珍奇财宝。然而，从很早开始，双方也逐渐将自己定义为对方的反面。城市人开始将文明定义为不表现出野蛮人的举止；反过来，野蛮人最终创建的社会秩序完全颠倒了商业-官僚文明的关键价值观。一方创作出文学杰作并视若珍宝；另一方拒不使用文字，却推崇每次都能重新即兴演绎史诗作品段落的吟游诗人。一方悉心储存和登记有物质价值的物品；

另一方资助盛大的夸富宴式庆典，将无价之宝分发给追随者或对手以示对物质财富的不屑，甚至可能将其丢弃、焚毁或扔进大海。一方发展出一套低调的官僚制，提供可预测的稳定性；另一方围绕个人魅力型枭雄组织公共生活，跟随他们不断地角逐霸权。

最初的英雄社会出现于青铜时代，待到柏拉图或孔子的时代，它们想必已成遥远的记忆。然而，那些记忆始终鲜活。几乎所有伟大的文学传统都始于英雄史诗，其内容本质上都是后人基于想象对青铜时代英雄社会的重构。我们可能要疑惑了，为什么会这样？为什么被某个城市文明嘲笑为无知蛮夷的那帮人，却常常被后继的其他城市文明重新想象为久远的英雄先祖？为什么在许多情况下，他们的英勇事迹被代代传颂数千年？

我认为部分答案在于，英雄社会实际上是旨在产生故事的社会秩序。这就回到了政治之本质的问题。有人可能会辩称，政治行动——即使放到微观层面上也成立——是一种会影响他人的行为方式，这种影响至少作用在人们听说或了解它的过程中。[33]无论是在农村还是在公司办公室，日常政治都与制造官方叙事、谣言和报道息息相关。有理由认为，将政治上的自我扩张变成了一种艺术形式的英雄社会，也会以不断产出故事的方式组织起来。一切都成了展现某种较量的平台，成了某种关于毅力、背叛、复仇、不可能的挑战、史诗冒险或伟大的自我牺牲的叙事。所以诗人才如此重要。生活的全部意义就是做让他人可能想要歌颂的事情。甚至从一开始，古埃及或巴比伦等官僚社会的居民就禁不住产生了某种对内陆蛮荒之地的迷恋，很快就把那里塑造成了满是怪物和奇异魔力的黑暗之地。当然了，越是在真实的暴力野蛮人不复存在的年代，关于他们的戏剧性故事越是扣人心弦。

野蛮人总是与官僚文明呈现出共生关系。这种模式在亚欧大陆的历史进程中反复出现。英雄社会在帝国边缘形成，甚至经常冲击并征服那些帝国（就像在罗马帝国边缘形成的日耳曼人社会，或在古代中国长城之外的北方游牧民族，抑或是在这两大帝国边境都活动过的匈人）；不过这种情况一旦发生，他们往往很快便消失在传说中。[34]

现代奇幻文学可以说起源于晚期的骑士文学，如“高卢的阿玛迪斯”（Amadis of Gaul）或“疯狂的奥兰多”（Orlando Furioso），但它作为一种文学类型实际成形则是在维多利亚时代，正值大众对邮政服务的热情达到巅峰的时候。它的时间设定非常特殊。在某种意义上，这种时间不过是童话故事中“很久以前”的现代版，既是某种悬浮的、语焉不详的过去，也是与我们自己的时代并存的异次元（正如许多故事认定的，仍然存在某些门户，可以从我们的世界通往时空迥异的奇境）。但这种奇幻文学的调性与童话故事的截然不同。童话故事反映了女人和儿童看待中世纪和早期现代社会的视角；其中的英雄更可能是挤奶女工和精明的鞋匠之子，而不是宫相和王子。而在被认定为奇幻文学的作品里，这个“很久以前”由于英雄史诗的大量注入而改头换面。我这里说的“奇幻文学”，最主要是指有时被称为“剑与魔法”（sword and sorcery）的类型，其开创者是一些维多利亚时代晚期的人物，如乔治·麦克唐纳（George MacDonald）和邓萨尼勋爵（Lord Dunsany），而最熠熠生辉的后继者始终是托尔金、C.S. 刘易斯和厄休拉·勒古恩。[35] 正是在这个传统下，形成了包括标准的角色设定（战士、教士、法师）、咒术类型、怪物类型等在内的一套剧目，在数以百计的当代小说中以不计其数的另类变体反复出现。

这些书之所以吸引人，不仅仅因为它们给生活在官僚社会的人提供了取之不尽的白日梦素材。它们最大的吸引力在于继续提供了一种对一切官僚特质的系统性否认。就像中世纪的教士和魔法师喜欢幻想一个光辉灿烂的天国行政体系一样，如今的我们幻想中世纪教士和法师的冒险故事，这些故事发生在一个官僚痕迹被从各个方面小心抹除的世界中。

* * *

我们为什么要这样做？最简单的解释是，这属于某种形式的意识形态预防针。从历史上看，一个权威体制自我宣传的最有效方式之一，不是直接谈论自己的优点，而是创造一幅生动的反面图景，告诉人们如果没有了——比方说，父权制权威、资本主义或国家——生活会是什么样子。作为一种意识形态策略，当这幅图景在某种层面上具有强烈吸引力时，这招最为奏效。[36] 一个人先是被另一个世界的愿景所吸引，通过想象它而间接体验到一种快感，但最终又会在自身欲望的影响下畏缩。

罗马游戏就是个很好的例子。在帝国出现之前，大多数地中海城邦都实行某种形式的自治，通过公共集会讨论公众关心的问题。在民主政体中，就连法律案件也由数百名公民组成的公共陪审团审理。在帝国治下，这些实践当然都被剥夺了权威，终至消失不见。取而代之，市民在公共场所大量聚集的情况主要出现在圆形剧场，目的是观看战车赛或角斗赛，或是围观罪犯被野兽撕成碎片。如果说这些公民有过任何投票经历，那就是通过拇指朝上或朝下来表决该不该处死某个被击败的角斗士。

换言之，帝国确立合法性的途径，除了主要靠在臣民中强制推行统一的法律体制之外，还有鼓励这些臣民形成有组织的私刑暴民（赞助这些游戏的通常就是主持庭审的治安法官），仿佛在说："民主？现在你们知道它会带来什么了。"这招效果显著，在接下来的两千年里（其间大部分时候，几乎所有受过教育的欧洲人都坚决反对民主），关于民主危险的警告坚持认为，"人民"在这样的体制下终将表现得像罗马圆形剧场中的暴徒：被暴力的派系斗争撕裂，非理性地在极端仁慈和极端残忍之间摇摆，在盲目追随个人魅力型偶像和摧毁他们之间反反复复。直到今天，受过教育的人基本上还会觉得，即使他们愿意在社会的某些方面勉为其难地接受一些民主元素，也必须将其与司法和立法完全分离。

我不想给读者这样的印象，好像所有这些制度不过是统治阶级为了操控大众而设下的小把戏；或者就当它们是，它们好像就不会适得其反一样。罗马圆形剧场或许异常有效，是名副其实的史上最出色的反民主制度之一，但说到另一个著名的例子——醉酒庆祝暴食、反叛和性欲的中世纪狂欢节，显然就有争议了。更富裕的赞助人无疑将狂欢节视作一种警示大众的方式，提醒他们社会等级制度一旦瓦解，将招致怎样的恐怖。但很明显，实际负责组织和开展大部分庆祝活动的许多普通民众，并不认为这种前景有那么恐怖（事实上，狂欢节经常变成真正的反叛场合）。[37]

毫无疑问，奇幻文学也是这样一个争议地带。作者自己常常也不能确定其作品的政治立意。比如，托尔金曾经说过，他在政治上要么是无政府主义者，要么是“非立宪的”君主主义者——好像始终无法做出抉择。[38] 这两个立场的共同点当然就是它们都极度反官僚。这一点几乎适用于所有奇幻文学：只有邪恶之人才会维持行政体制。事实上，我们可以逐一考察奇幻文学的关键特征，并从中看出对官僚制某个面向的精准否定：

- 奇幻世界里，善恶往往泾渭分明（或者充其量是模棱两可的善与绝对的恶），这意味着在两股势力之间，战争是唯一可能的关系。事实上，在与这些绝对的恶人发生冲突时，就连战争往往也是绝对无限制的，不受习俗、规矩或骑士精神的制约。这与英雄社会或中世纪社会形成了鲜明对比，在这些社会中，有组织的暴力——一种贵族消遣——往往更像一种仪式化的游戏，其中荣誉就是一切。绝对邪恶原则的存在似乎就是为了消解**官僚制中价值无涉、基于规则的中立原则**，即任何类型的行政指令都不牵涉善恶之类的原则。奇幻世界创造出了绝对到根本不可能中立的价值。
- 奇幻宇宙中存在亚人物种，诸如地精、黑暗精灵、食人妖等，这些在本质上也是人，但是绝无可能融入某个更大的社会、法律或政治秩序。这些物种的存在创造出了一个种族主义是既成事实的世界。语言中通常会直接点明种族："精灵种族""矮人种族"，不一而足。即便不点明种族，在那些世界中，实际上也确实存在不同种的类人生物，能够说话、造房子、种植作物、创造艺术与仪式，也就是说，外表和举止基本无异于人类，但在道德和智力素质上又与人类迥异。这是对**无差别的官僚原则**的绝对否定。根据该原则，规则面前人人平等，不论出身，法律必须一视同仁。可如果有些人是半兽人，有些是小精灵，那么平等的待遇本身就是匪夷所思的。

- 奇幻世界中的合法权力往往基于纯粹的个人魅力，或是对昔日魅力的记忆。阿拉贡* 从没强迫任何人追随他。阿斯兰† 也没有。格得‡ 亦然。只有坏人才会创造出一种类似国家的机器，而它一经创造，就呈现为一种纯粹的强制手段。更有甚者，魅力型权威如果长期不更迭，往往会衰落和腐化（例如德内梭尔或歌门鬼城），或者演变成阴森诡异的哥特式不死之身。鉴于真正的、重要的魅力型权威往往只可能通过战争确立，这意味着如果不时刻置身险境，就不

* 《魔戒》系列中的角色，后文的德内梭尔也是。——译者注

† 《纳尼亚传奇》系列中的角色。——译者注

‡ 《地海传奇》系列中的角色。——译者注

可能享有合法的权威。换言之，现代“民主”共和国的政治理想，即政治家们需要不断争夺追随者，在此得以保留。这不足为奇，因为正如我强调的，这本来就是此类共和国中一直存在的英雄或贵族元素。但是，这种政治理想完全脱离了主权原则，最重要的是，脱离了**官僚程序的规则性和可预测性，以及常规化的武力，而这种武力在官僚秩序中仅当被用于维护前述规则性原则时才被视作合法**。简而言之，在奇幻世界里，真正合法的权威人物通常是暴力的，但他们不会将暴力用于执行规则。

- 一个推论：在奇幻文学中，就像在英雄社会中一样，政治生活很大程度上在于故事创作。叙事中嵌套叙事；典型的奇幻故事线往往本身就是讲述故事、阐释故事、为新故事创作素材的过程。这与**官僚制运作的机械属性**形成了鲜明对照。行政程序与故事创作无关；在一个官僚环境里，出问题时才会出现故事。当一切进展顺利时，根本不会有任何叙事弧。
- 更重要的是，主人公们没完没了地处理古代语言写就的谜语、晦涩的神话和预言、绘有迷惑符文的地图，诸如此类。相比之下，官僚程序基于**透明原则**。规则应当清晰明了，统一表述，而且要确保人人都能理解。众所周知，实际情况鲜少如此。但在原则上理应如此。对我们大多数人而言，行政表格至少跟精灵谜语一样晦涩，只有在特定的月相下

> 才能看出来。但它们本不该是这样的。事实上，最恼人的官僚策略之一，就是通过假装透明来隐瞒信息：比方说，将一条关键信息隐藏在一堆部门电子邮件中——数量多到没人能把它们全部读完。当我们抱怨没接到新政策或新职责的通知时，官僚们就会得意扬扬地出示新规则公示文件的日期（通常在几个月前）和细节。[39] 这样一比，奇幻界的材料无疑有着某种乐趣：谜题真的是谜题，而且理应如此，没有哪个好事者会跑来对你指手画脚，说这一切是多么简单透明，如果没有立刻弄懂，那显然是你有问题。

就像最后一个例子表明的，当我们讨论这些常量时，我们谈论的是官僚体系应该如何运作的某种抽象理想，而不是它们的实际运作方式。现实中，官僚机构很少是中立的。它们几乎总是受某些特权群体（通常是种族群体）支配，或更偏袒某些群体；而到头来，它们总是会赋予管理者巨大的个人权力，方式就是制定极度复杂和自相矛盾以至于无法被照章遵守的规则。然而，在现实世界中，所有这些对官僚原则的背离都被视作滥权。在奇幻世界中，它们却被视作美德。

尽管如此，那些美德明显是转瞬即逝的。奇幻世界是个动人心魄的旅行地点。鲜有人真的愿意生活在那里。但如果我没有弄错，那么无论作者的初衷是什么，这类文学的效应很大程度上是引发读者思考他们自己对官僚生活的怀疑到底意味着什么，这才是重点所在。

* * *

这样说来，奇幻文学很大程度上是在尝试想象一个彻底清除了官僚制的世界。读者之所以喜欢它，一方面缘于间接逃离现实的感觉，另一方面也缘于再度确认了一个接受管理的无聊世界最终可能还是好过任何想象中的替代方案。

不过，官僚制和官僚原则在奇幻世界中并没有销声匿迹。它们从好几个方向潜入了这些世界。

首先，旧日中世纪想象中的宇宙管理系统并没有被完全否定。因为在这些世界里，往往技术仅限于风车和水车的水平，魔法却真实有效。故事中出现的魔法类型往往来自西方的仪式魔法传统，从伊安布利霍斯（Iamblichus）这样的古代巫术师到麦格雷戈·马瑟斯（MacGregor Mathers）这样的维多利亚时代法师一脉相承，充斥着从魔法圈中召唤出的恶魔、圣歌、咒术、长袍、护身符、卷轴和魔杖。所以，宇宙阶序——一堆复杂的逻辑秩序，涉及咒术、级别、神力、影响力，以及有着不同的能力、派别和行政职责划分的天界各区域——往往会以这样那样的形式被保留下来，成为至少是隐藏在反官僚宇宙自身结构中的一种潜在的权力形式。诚然，在最早且最坚定的反官僚宇宙中，巫师要么是邪恶的［参考《野蛮人柯南》中的祖卡拉或无数同款低俗小说反派角色，甚或迈克尔·穆考克（Michael Moorcock）笔下道德淡漠的艾尔瑞克］，[40]要么，如果他是好人，在技术方面的造诣就会被极尽弱化（《魔戒》中甘道夫的力量似乎更像是其个人魅力的外延，而不是源自对咒术的神秘知识）。但随着时间的推移，从那些作品到《地海传奇》再到《哈利·波特》，魔法及魔法知识占据了越来越靠近中心的位置。当然，当我们迎来哈利·波特时，我们也从西梅利亚、亚尔夫海姆（Elfland）或希柏里亚（Hyperborea）这样明显的英雄王国，一路走到了一个设定在典型官僚机构**之内**的反官僚叙事；故事发生在一所英国寄宿学校，在一个充满银行、巫师董事会、调查委员会乃至监狱的魔法世界。在《哈利·波特》系列书中，这正是笑话所在：让我们从最单调古板且祛魅了这个世界的制度下手，试着将其编造成我们能想象出的最疯狂的魔法版本。

怎么会这样呢？一个原因是通俗小说类型越来越不囿于书籍这一载体。（涉及儿童或青少年受众时，情况尤甚。）它们不仅扩展到了电影或电视剧领域，而且涵盖了从桌面游戏到模型、拼图、手办，外加各种形式的同人文学、刊物、同人艺术、电玩和电脑游戏。就奇幻类型而言，如果不预先了解20世纪70年代后期角色扮演游戏《龙与地下城》（*Dungeons & Dragons*）的兴起，就无从理解在那之后文学的发展方向；该游戏让全世界成千上万青少年得以即兴创作属于他们的奇幻世界和奇幻冒险，就像在实时集体撰写他们自己的冒险故事或剧本。

D&D（狂热爱好者对这款游戏的称呼）在某种层面上是我们能想到的形式最自由的游戏，因为它允许角色为所欲为，只要是在地下城主用他的书、地图、表格和预置的城镇、城堡、地牢、荒野所搭建的世界范围之内。它在许多方面实际上相当无政府主义，因为不同于指挥军队的经典战争游戏，这里有的是无政府主义者所谓的“亲和团体”（affinity group）：一群个体合作以达成共同目标（一项任务，或只是想积攒财富和经验），能力互补（战士、教士、魔法施展者、小偷等），但没有明确的指挥链。因此，其社会关系与非人格化的官僚层级完全相反。然而，在另一重意义上，D&D 代表了反官僚幻想的终极官僚化。一切皆收录在册：怪物类别（石巨人、冰巨人、火巨人等），各自配有精心列明的技能和平均生命值（杀死它们的难度）；人物属性（力量、智力、感知、敏捷、体质等）；不同能力等级可用的法术列表（魔法飞弹、火球术、穿墙术等）；神或魔的类别；不同种类盔甲和武器的效力；甚至还有道德品格（一个角色可以是守序的、中立的或混乱的，可以是善良的、中立的或邪恶的；将这两组特性结合起来会得到 9 种可能的基本道德类型）。这些手册与中世纪的动物寓言集和魔法书遥相呼应。但它们的主要构成是数据。所有的重要特质都可以被简化为数字。同样属实的是，实际玩游戏的时候并没有规则，这些手册仅供参考；地下城主可以（而且也应该）陪玩家随便瞎玩，发明新的法术、怪物，以及基于既有设定的千百种变体。每个地下城主的宇宙都是独一无二的。数字在某种意义上是想象力大显身手的平台，而它们自身成了某种诗性技术。

不过，数字的引入，角色类别、属性、怪物、宝藏、法术的标准化，属性值与生命值的概念，对我们从 4 面、6 面、8 面、12 面和 20 面骰子的世界转入数字化界面时产生了深远的影响。电脑游戏可以把幻想变为一套几乎完全官僚化的程序：积分、升级，以此类推。指挥军队的内容又回来了。这反过来引发了朝另一个方向的转变，将角色扮演引入了电脑游戏（Elfquest、魔兽世界等），在诗性技术和官僚技术的诉求之间来回拉锯。可在此过程中，这些游戏最终强化了这种感觉：我们活在一个由计量程序定义现实结构的宇宙中，就连对当前深陷的管理世界最绝对的否定，最后也只能成为完全相同事物的翻版。

四、规则的乌托邦

之所以花这么多时间谈奇幻世界，我认为其中一个理由在于，这个话题引出了一些关于玩（play）、游戏（game）和自由之本质的基本问题，而这些在我看来都是官僚制隐秘吸引力的核心所在。一方面，官僚制无论如何也算不上好玩。它又机械又没人情味，似乎全盘否定了一切玩乐的可能。另一方面，陷入官僚式踢皮球局面的感觉很像被卷入了某种可怕的游戏。

官僚制创造游戏，只不过是毫无乐趣的游戏。但在这里，进一步认真思考一下游戏到底是什么，以及赋予它们乐趣的前提是什么，可能会有所助益。首先，玩和游戏之间是什么关系？我们玩游戏。那么这是否意味着玩和游戏就是一回事？确实，就连英语里对这两个词的区分都有些不同寻常——在大多数语言中，同一个词就可以指代两者。（即使在大多数欧洲语言中也是如此，例如法语中的 jeu 或德语中的 spiele。）但在另一重层面上，它们似乎又是对立的，因为一个暗示着形式不限的自由创造，而另一个暗示着规则。

伟大的荷兰社会学家约翰·赫伊津哈（Johan Huizinga）有一本著作叫《游戏的人》（*Homo Ludens*），表面上提出了一种玩的理论。事实上，书中内容作为玩的理论很糟糕，但作为游戏理论则完全不然。[41] 根据赫伊津哈的说法，游戏具有某些共性。首先，它们有时间和空间上的明确界限，因而脱离了日常生活。那儿有一个运动场、一块板子、一支发令枪、一条终点线。在那个时空内，特定的人被指定为玩家。其次，还存在一些规则，准确界定这些玩家可以做什么、不能做什么。最后，总会给出一些清晰的概念，关于赌注，以及玩家需要做什么才能赢得比赛。而且至关重要的是：这就是全部。任何超出该框架的地点、人或行为都是不相干的、无所谓的，不是游戏的一部分。换种说法，游戏是纯粹由规则支配的行为。

这在我看来很重要，因为这正是游戏有趣的原因。在人类生活的几乎任何其他方面，所有这些事都模棱两可。想想一场家庭争吵或工作竞争。什么人是或不是参与者，什么是公平的，什么时候开始，什么时候算结束，说你赢了意味着什么，这通通都很难讲。最难的是理解规则。我们置身的任何情境里都存在规则——就连闲聊也有默示的规则，比如谁能以什么顺序、节奏、语气说话，表现出怎样的尊重，哪些是合适或不合适的话题，什么时候可以微笑，什么样的幽默是可取的，眼睛应该干什么，以及一百万件其他事项。这些规则很少是明说的，而且通常存在许多彼此冲突的规则，随时可能酿成矛盾。所以我们总是在这些规则之间艰难斡旋，并试图预测同样的事情他人会怎么做。游戏让我们得以切身体验这种模糊性被一扫而空的情境。人人都清楚规则是什么。不仅如此，人们真的会遵守它们。而且遵守规则甚至有可能赢！这——以及不同于现实生活，游戏参与者完全自愿服从规则的事实——是愉悦感的源泉。

因此可以说，游戏是一种规则的乌托邦。

我们也可以这样来理解游戏和玩之间的真正区别。不错，一个人可以玩游戏；但是单谈到“玩”，未必意味着有规则的存在。[42] 玩可以是纯即兴的。一个人可以只是随便玩玩。从这个意义上，纯粹形式的玩不同于游戏，而意味着创造性能量的纯粹表达。事实上，如果有可能为“玩”下一个可行的定义（这是出了名的难题），那么它一定得传达出与此类似的意思：当创造性能量的自由表达成为目的本身时，我们可以说玩是存在的。它是为了自由而自由。这也在某种意义上使玩成了一个比游戏更高阶的概念：玩可以创造游戏，可以产生规则——事实上，它不免会产生至少是默示的规则，因为完全随机地瞎玩很快就会令人厌倦——但根据定义，玩在本质上又不受规则约束。当玩与社交挂钩时更是如此。例如，对儿童玩耍的研究总是发现，玩想象游戏的孩子花在争论规则上的时间至少与实际玩游戏的时间一样久。这类争论本身就成了玩的一种形式。[43]

在某个层面上，这些都显而易见：我们只是在谈论形式的出现。自由必须处在与其他什么的张力之中，否则那不过是随机性而已。这意味着玩的绝对纯粹形式，即真正的绝对不受任何类型规则的制约（除了那些由它自己产生并可以随时随地被搁置的规则），本身只存在于我们的想象中，作为生成宇宙的神力的一部分。

这里引一段印度科学哲学家希夫·维斯瓦纳坦（Shiv Visvanathan）的话：

> 游戏是一种受限的、特定的问题解决方式。玩更具宇宙性和开放性。众神玩耍，而人很不幸，是参与游戏的个体。游戏有可预测的解法，而玩可能没有。在玩的过程中，可能出现非常情况，新奇，意外。[44]

这些都没错。但正因如此，玩也可能存在某些可怕之处。因为这种开放的创造力也给了它随机的破坏力。就像猫玩老鼠。拔下苍蝇的翅膀也是一种玩的形式。恐怕没有哪个理智的人希望遇上贪玩的神明。

因此，我有一个提议。

官僚制吸引力背后的终极原因是对玩的恐惧。

* * *

对于社会理论家而言，有一个明显可以拿来与玩类比的原则，它生成规则，但自身不受这些规则约束。那便是主权原则。读者应该记得，主权是最终形成我们目前的“国家”概念的三原则之一（另两个是行政和政治）。“主权”这个术语在当今政治理论中主要用作“独立”或“自治”的同义词，即政府在本国境内自行其是的权力。但它最早源于欧洲非常具体的围绕王权的辩论。辩题基本可以归结为：是否可以说一个王国的最高统治者在任何意义上是受该国法律约束的?

那些认为君主不受那些法律约束的人，援引上帝神力来做类比。上帝是任何宇宙道德体系的创造者和终极执行者。但要想创造一个体系，必须先于它存在；由此可证，上帝本人不可能受道德律法的约束。这个结论完全不新鲜。在马达加斯加，民间智慧把这一点表达得直截了当：上帝的形象既是终极审判者，从高天之上监督并惩罚犯罪行为；同时又专权恣肆，无缘无故地投下闪电炸死凡人。偶有非洲国王试图让自己成为这一绝对原则的化身，其中最著名的例子是布干达王国的卡巴卡*。在遇到英国访客企图用新式的高效英制步枪镇一镇他时，他会反客为主，在街头随机选取目标测试步枪，把**他们**镇住。（他的著名事迹还有以打喷嚏为由处死妻子们。）但与此同时，卡巴卡作为君主的合法性首先在于他以王国最高法庭法官的身份秉公司法所积累的声誉。无独有偶，两者之间被认为是有联系的：既然国王可以随心所欲地做（或占有）一切，那么他也可以做到不被贿赂，所以他完全没有理由不公正。把这条原则发挥到如此极端的地步，布干达王国可谓极不寻常（有必要指出，在非洲，把事做得这么绝的国王几乎都没有好下场），尽管如此，这种绝对的超验王权概念与卡尔·施密特的“政治神学”有相通之处，后者认为在现代国家，主权权力归根结底就是搁置法律的权力。[45]

---

* 布干达是非洲大湖地区的一个古老王国，相传始建于14世纪初，位于今乌干达境内，主体民族为干达人，国名意为“干达人的国家”，国王称卡巴卡（Kabaka）。——译者注

这个意义上的主权作为产出游戏的生成原则，根本上等同于玩。但如果是这样，那么它也是最可怕的、宇宙形式的玩。有人称之为“自上而下”的玩的概念，最明确发展了这一概念的似乎是印度神学，其中宇宙本身实质上就是众神力之间的玩耍。[46]但正如布莱恩·萨顿-史密斯（Brian Sutton-Smith）在《玩的模糊性》（*The Ambiguity of Play*）一书中指出的，这是整个古代世界的主流观点，人在其间只是命运的玩物；在这样一个宇宙中，典型的**人类**游戏就是赌博，我们心甘情愿地臣服于众神的心血来潮。[47]

在这样一个宇宙中，自由是名副其实的零和游戏。神或国王的自由就是人类受奴役的尺度。

* * *

不难看出这一切的走向。现代国家建立在人民主权原则之上。国王的神圣权力最终落到了一个叫作“人民”的实体手中。然而，在实践中，我们越来越弄不清这个意义上的人民主权究竟是什么意思。马克斯·韦伯有个著名的见解：主权国家的机构代表把持着一国境内的暴力垄断权。[48]通常，能行使这种暴力的只有特定的获得职务授权的公务人员（士兵、警察、监狱看守），或者经这些公务人员授权的人（机场安保、私人保镖等），并且要以法律明确指定的方式行使。但到头来，最高权力其实仍然有权抛开这些法律义务，或者在执法过程中对其加以修订。[49]美国或许自诩“一个法治而非人治的国家”，但正如我们近年来了解到的，美国总统可以下令实施酷刑、暗杀、国内监视计划，甚至可以设立关塔那摩监狱这样的法外之地，以便对囚犯不择手段。即使在最基层，执法者也并不真的受制于法律。就比如，一名警察无论对一位美国公民做了什么，都很难被判有罪。[50]

布莱恩·萨顿-史密斯认为，在当代世界中，旧观念里“自上而下”的玩，也有人称之为“黑暗玩法”（dark play），实际不再占据主流。自浪漫主义时代以来，它在很大程度上已经被一系列更轻松愉悦的自下而上的话语取代，后者从多个角度将玩理解为颠覆性的、有教育意义的或富于想象力的行为。这无疑是属实的。但在我看来，旧概念并未完全消失。[51] 不出意外，它在一种政治层面上得到了保留，每次专断的权力行为都倾向于强化这种感觉：有问题的不是权力，而是任意性（arbitrariness），也就是自由本身。[52]

实际上，这几乎正是在共和政体（现在大都被错误地贴上了“民主”的标签）成为常态的地方发生的事。法律秩序，以及由此而来的国家暴力成为规则终极执行者的区域，已经扩张到定义和规范了几乎所有可能的人类活动。因此，如前所述，我们为一切制定了法规：哪里可以供应或消费不同种类的饮料，怎样工作，何时能或不能下班，以及街边可见的广告牌大小。武力威胁几乎入侵了我们生活的方方面面，采用的方式是在埃拉伽巴路斯、成吉思汗或苏莱曼治下根本无从想象的。

我在前面已写过这种法规和暴力对我们生活的全面入侵。这里我想论证的是，这种强制要求归根结底源自一种默示的宇宙观，其中玩的原则（延伸一下就是创造力）本身被认为是令人恐惧的，而类似游戏的行为则被认可为透明和可预测的，结果就是，所有这些规章制度的推进本身给了人某种自由的感觉。

即使在最远离国家暴力威胁的语境下也会发生这种情况。学院管理就是个很好的例子。我前面探讨过，人类学家公认地不愿意将分析工具对准他们自身的制度环境，但也有例外，其中绝佳的一例就是玛丽莲·斯特拉森（Marilyn Strathern）对英国所谓的“审计文化”的分析。审计文化背后的基本思想是，若无清晰“透明”的标准可供了解人们的工作开展情况，学术界便只会成为一个建立在独断专行的个人权威基础上的封建体系。这从表面上很难反驳。谁会反对公开透明呢？斯特拉森担任剑桥大学人类学系主任期间正赶上这些改革，她在《审计文化》（*Audit Cultures*）一书中记录了这种官僚化的实际后果。[53] 剑桥大学本身是一所典型的封建机构，经年积累了无数习俗和传统，而人类学尽管建系较晚，也有自身的传统研究路径，需要开展各种各样没人能说清道明，也确实没人能完全理解的工作。但为了对管理层“透明”，他们不得不开始阐明它们；落到实践中，这意味着他们得把形式上向来微妙不定的工作流程转化为一套明确的规则。实际上，他们不得不将习俗变为某种桌面游戏。面对这样的要求，大家的第一反应就是：“好吧，行啊，我们就写给有关部门交差，实际操作还按老样子来。”但在实践中，这很快变得不可能，因为一旦发生任何冲突，双方都会自发诉诸规则手册。

此类改革的目的可能是消除独断专行的个人权威，但显然从未见效。个人权威不过是升了一级，变成了在特定情况下搁置规则的能力

（又是一种主权的缩影）。然而实践中，改革未能在任何意义上达成既定目标，这般事实并未损害改革的合法性。情况恰恰相反，因为任何人反对这种个性化权力的途径，只能是要求更多的规则和更高的“透明度”。突然间，自由和正义当真使一切都沦为游戏。

仔细想想，这种事一直在发生，甚至在无关个人专权的情境中。最明显的例子就是语言。可以称之为“语法书效应”。人们不是通过编写语法来发明语言，而是通过观察人们说话时似乎在应用的很大程度上无意识的默认规则来编写语法的，至少是任何既有语言的第一批语法。然而，一旦出现了一本语法书，尤其当它被用到了教室里，就会让人感觉那些规则不仅仅描述了人们实际如何说话，而且规定了他们**应该**如何说话。

在很晚近才出现成文语法的地方很容易观察到这种现象。在世界许多地区，第一批语法和词典是由基督教传教士在 19 世纪乃至 20 世纪创作的，旨在将《圣经》和其他神圣文本翻译成原本没有文字的语言。例如，马达加斯加使用的马达加斯加语，其第一套语法编写于 19 世纪一二十年代。当然，语言是不断变化的，所以马达加斯加语口语——乃至它的语法——在很多方面都与 200 年前的大不相同。然而，鉴于人人都在学校学过语法，如果你指出这一点，人们会自然而然地回应，如今说这种语言的人只是在犯错误，没有好好遵守语法规则。在被提醒之前似乎没人想到，如果传教士晚来 200 年，晚点写出那些书，那么当前的用法将成为唯一正确的用法，而任何用 200 年前的方式说话的人才是犯了错的。

事实上，我发现这种态度极大增加了学习通俗马达加斯加语的难度。即使我聘请大学生这样的母语者给我上课，他们教我说的也是 19 世纪的马达加斯加语，和学校里教的一样。随着熟练度的提高，我开始留意到他们彼此交谈的方式与他们教我说话的方式完全不同。可每当我问起他们用到的书中没写的语法形式时，他们只是耸耸肩说："哦，那就是俚语，别这么说。"到最后我发现，我学习当代马达加斯加口语的唯一方式就是录制对话，尝试自己转写下来，在遇到不熟悉的用法或表达时再找朋友问明白。别的方法都行不通：人们一旦认定这些语法形式是错的，就根本无法用语法术语来向我描述它们。

在剑桥人类学系的例子里，规则被明文列出，而后被锁定，表面上是为了消除专断的个人权威。马达加斯加人对语法规则的态度显然无关对专断权威的厌恶，而是关乎对任意性本身的厌恶，这后一种厌恶会导致不假思索地接受最正式的、制度化的权威形态。毕竟，我们第一次体验到正式的、讲规则的权威，不都是通过小学老师吗？这在马达加斯加和在其他任何地方同样成立。事实上，当我问朋友们为什么人们不真的按照教科书上描述的语言说话时，收到的回答总是"你懂的，人们很懒"。很明显，问题在于全体人民都没把课堂内容学到位。但他们实际上否认的是集体创造的合法性，是整个系统的自由玩耍（free play）。

花点时间思考语言是值得的，因为它比任何其他例子更能揭示出，我们所持的自由观念本身存在一个基本悖论。一方面，规则究其本质是约束性的。演讲规范、礼仪守则和语法规则，都有限制我们能说什么和不能说什么的作用。我们脑海中最初形成的关于压迫的意象之一，就是老师因为语法错误而敲打一个孩子的手指，这可不是没来由的。但另一方面，如果没有任何共享的约定，没有语义、句法、音素，我们就只会语无伦次地咿咿呀呀，相互之间根本没法沟通。显然，这种情况下没有人可以自由地做任何事。所以，在两端之间的某一点上，制约的规则（rules-as-constraining）转变成了赋能的规则（rules-as-enabling），尽管说不出确切是在哪个点上。这样看来，自由其实是人类创造力的自由玩耍与它不断生成的规则相对抗构成的张力。而这正是语言学家一直以来的观察。没有哪种语言是没有语法的。但同样，没有哪种语言不在持续不断地变化，包括其语法在内。

我们很少自问为什么会这样。为什么语言总在变化？我们需要语法和词汇上的共识才能彼此交谈，这点不难理解。但如果我们对语言的需求仅限于此，那么一旦既定的一组会话者找到了与其目的适配的语法和词汇，他们原封不动地沿用下去就好了；若是有什么新事物要谈论，或许可以调整一下词汇，比如出现了一种新趋势或新发明，抑或是一种进口蔬菜，但除此之外，没必要画蛇添足。事实上，情况从来不是这样。从记载来看，我们没见过哪种语言在历经一个世纪后不出现发音和结构上的改变。[54] 这点适用于哪怕最“传统”社会中的语言，哪怕那里已经创建了像文法学校或法兰西学院（Académie Française）这样复杂的制度化结构来确保不会出现此类改变。毫无疑问，其中一些改变纯粹出于叛逆（例如年轻人试图与年长者划清界限），但我们很难规避这样一个结论：归根结底，在这里我们真正面对的是最纯粹形态的玩的原则。无论说的是阿拉佩什语、霍皮语还是挪威语，一直按同样的方式说话就是会让人类厌倦。他们总要找机会随便玩玩。而这种随意玩耍总是会产生累积效应。

这表明，无论哪里人都容易有两种完全矛盾的倾向：一方面，倾向于为了好玩而发挥创造力；另一方面，倾向于听从任何告诉他们其实不该那样做的人。正是后者使制度化生活有了被游戏化的可能。因为顺着后一种趋势的逻辑会得出这样的结论：所有自由都成了任意性，而所有任意性都是某种危险的颠覆性力量。再进一步就可以论证，真正的自由是生活在一个完全可预测的世界里，摒除这种等同于任意性的自由。

* * *

让我再以自己政治经验中的一个例子做结。

在过去的三四十年里，世界各地的反威权主义者一直在想方设法创造新的、更有效的直接民主模式，无须任何暴力官僚机构的强制执行也可以运作。我在很多其他场合提到过这些努力，它们已取得了长足的进展。不过，此类项目的参与者经常发现自己不得不处理这种可怕的“任性的”权力。例如，要发展新式的共识达成过程，其中一部分工作就是要设计鼓励而非抑制即兴创造的制度形式。正如行动主义者有时会说的：在大多数情况下，如果你把一群人聚在一起，那他们作为一个团体的行为会比其中任何单个成员的行为更不明智、更没创意。行动主义的决策过程就是要避免这种情况，旨在使整个群体比任何个体参与者更聪明、更有想象力。

这的确可行，只是工作量巨大。群体规模越大，就越需要落实正式的机制。整个行动主义传统下最重要的一篇文章题为“无架构的暴政”（The Tyranny of Structurelessness），[55]由乔·弗里曼（Jo Freeman）于20世纪70年代撰写，聚焦了早期推动女性主义意识觉醒的团体在达到一定规模后出现的组织危机。弗里曼观察到，这类团体总是从某种粗糙的无政府主义起步，假定根本不需要任何正式的、议会式的议事规则机制。人们会像姐妹那样坐下来解决问题。起初，情况确实如此。然而，这些团体一旦扩大，比方说超过了20人，便总会出现非正式的小集团，一小群朋友或盟友开始控制信息、设置议程，并以各种微妙的方式行使权力。弗里曼提出了许多不同的可用于抵消这种效应的正式机制，但就本文的意图而言，具体细节并不重要。只需要说明，现在所谓的“正式的共识达成过程”（formal consensus process）很大程度上源自弗里曼描述的危机，以及因她的介入引发的争论。

我确实想提请注意的是，几乎所有未持鲜明的反威权主义立场的人——以及不少持该立场的人——完全误读了弗里曼的文章；在他们的解读中，文章呼吁的不是旨在确保平等的正式机制，而是更透明的等级制。在这方面，列宁主义者和自由主义者半斤八两。我都没法告诉你我见识过多少这种论调。每次都是一模一样的路子。首先，弗里曼论证的小集团和隐形权力架构的形成，被认为是在论证任何超过20人的团体都必将产生小集团、权力架构和权威人士。下一步就是坚称，要想把这些小集团的权力或这些权力架构可能产生的任何危害降至最小，唯有将其制度化：把事实上的阴谋集团变成一个中央委员会（有鉴于这一术语的不良历史，他们通常称之为统筹委员会，或指导委员会，或类似的名称）。人们需要把权力带到阳光下——将流程正式化，制定规则，举行选举，明确阴谋集团能做什么、不能做什么。这样一来，至少权力将变得透明和“可问责”（accountable）。［再次提请留意这个词。它源自会计程序（accountancy procedures）。］

从实际的、行动主义的视角来看，这个解决方案分明是荒谬的。要想限制非正式小集团行使实权的程度，更容易的做法是根本不给予它们任何正式地位，从而使其不具备合法性；任何可以想见的旨在遏制前集团–现委员会的“正式的问责架构”都无法更有效地限制其权力，一大原因在于此类架构最终会使信息差合法化，进而大大助长信息差，使得一些人从一开始就握有更大的权力（较之平等主义团体而言）。正如我在本书第一篇文章中指出的，透明的结构一经确立，就会不可避免地向愚蠢的结构转变。

那么，假使有人抛出上述论点，并得到了批评者勉为其难的认同（他们往往别无选择，因为这基本属于常识）。这样一来，批评者的下一道防线通常关乎审美：他们会坚称，未被承认的实权架构就是招人反感，哪怕它们完全不具备任何程度的暴力强制手段，也可能被视作独断专行。通常来说，你的对手不会承认自己的反对意见是一种审美取向。他们通常会用道德术语来构建自己的论点。但偶尔，你也能听到一些足够诚实的人坦白实情。我清楚记得在中央公园参加过一场由“占领华尔街”运动赞助的辩论（肯定在哪里留下过记录），对方是诺曼·芬克尔斯坦（Norman Finkelstein）。他是一位才华横溢、值得钦佩的行动主义者，从刚成年起就参与民权运动，后来仍然将南方基督教领导会议（Southern Christian Leadership Conference）这样的团体奉为灵感来源。辩论中，芬克尔斯坦在这个问题上直言不讳。他承认，或许是这样的，防止这些小集团权力过大的最佳方式就是坚持它们在原则上不该存在。但只要允许这样的小集团在缺乏正式承认和监管的前提下存在，你就是在维护一个认同黑箱管理的体制，哪怕那只是极少数情况。这个问题或许算不上多实际。你很可能是对的，正式承认它们的存在到头来可能会削减总体上的自由，倒不如听之任之。但说到底，我就是觉得接受黑箱管理的想法在任何意义上都令人反感。

在这样的争论中，我们目睹了以两种不同的形式照进现实的乌托邦主义之间的直接冲突：一边是一种反威权主义，强调创造性结合与即兴，基本是从玩的角度来看待自由的；另一边是一种默示的共和主义，本质上将自由视作有能力把所有权力形式都简化为一套清晰透明的规则。

过去200年里，在欧洲和北美，以及越来越多的其他地区，后一种官僚化的自由观呈现出主导趋势。新的制度安排赖以运作的规则极为严格和可预测，以至于它们基本上隐而不见，以至于人们都不知道它们是什么（就像我开头提到的实体的或电子的邮局），它们往往被推崇为发挥人类自由的平台，而它们恰恰源自权力架构的有效运行偶然带来的新技术。这些安排看似保留了玩的积极因素，同时以某种方式规避了它令人不安的潜能。

可我们一次又一次看到了同样的结果。无论是出于对“理性”的信仰还是对专断权力的恐惧，这种官僚化的自由观最终都会朝着这样一个梦想世界迈进，其中玩遭到完全的限制，或者往好了说，被发配到某个偏远地区，远离任何严肃的、重要的人类事业，而生活被全方位简化成了某种精心设计的、基于规则的游戏。不是说这样的愿景缺乏吸引力。谁没梦想过这样的世界呢，一个人人都知晓并遵守规则，甚至按规则玩的人还能实际获胜的世界？问题在于，这只是一个乌托邦幻想，跟幻想一个可以绝对自由地玩的世界没什么差别。它将永远只是一种闪着微光的幻象，伸手一触便会烟消云散。

这种幻象并不总是坏事。有充分的理由可以证明，大多数人类最伟大的成就都来自这种异想天开的追求。但在这个特定例子中，放到这个更大的政治经济背景下，其中官僚制始终是一小部分人从我们其他人那里榨取财富的主要手段，这些幻象则造就了一种追求不受专断权力控制的自由最终只会产生更多专断权力的局面，结果就是，法规压抑了存在，武装警卫和监控摄像头随处可见，科学和创造力被扼杀，而我们所有人到头来发现自己每天要花越来越多的时间填写表格。

附　录

论蝙蝠侠与制宪权问题

这篇文章表面上写的是克里斯托弗·诺兰（Christopher Nolan）执导的电影《黑暗骑士崛起》（*The Dark Knight Rises*），是2012年发表在《新调查》（*The New Inquiry*）上的一篇题为《叠加》（Super Position）的文章的加长版。我之所以将它附在这里，是因为它扩展了本书第三篇文章中探讨的主权与流行文化主题。在那篇文章中，我观察到三个在历史上彼此独立的元素在我们的“国家”概念中融为了一体，我将它们概括为主权、官僚制和（英雄）政治。不过，我只是最低限度地阐发了关于主权的思考，所以我想读者或许有兴趣读读对这个主题更进一步的反思，文风还是那种宽泛的漫谈式。

2011年10月1日，星期六，纽约市警察局逮捕了700个试图穿越布鲁克林大桥游行的“占领华尔街”运动分子。市长布隆伯格

（Bloomberg）给出的理由是抗议者阻塞了交通。5 周之后，还是这位布隆伯格市长封锁了附近的皇后区大桥，整整两天不允许通车，好让克里斯托弗·诺兰拍摄蝙蝠侠三部曲的最后一部——《黑暗骑士崛起》。

个中讽刺引发一阵热议。

几周前，我和一些“占领华尔街”运动的友人一起去看了这部电影，他们中的大多数是 10 月在桥上被捕的人。我们都知道这片子基本上就是一部超长的反占领运动宣传片。但我们并不介意。走进电影院时，我们满心期待能从这件事中找点乐子，心态差不多类似某个不是种族主义者或不是纳粹分子的人去看《一个国家的诞生》（*Birth of a Nation*）或《意志的胜利》（*Triumph of the Will*）。我们料到了这部电影会充满敌意，甚至是冒犯性的。但谁也没有料到它会是烂片。

* * *

我想在此思考一下这部电影烂在哪里。因为，古怪的是，这很重要。我认为尝试弄清楚是什么让《黑暗骑士崛起》这么糟糕，本身有助于加深对很多事情的理解——关于电影、暴力、警察、国家权力的本质。

我认为有个问题从一开始就该明确。这部电影确实是一部反占领运动宣传片。有些人还在否认这一点。导演克里斯托弗·诺兰公开强调剧本是在运动开始之前写的，并声称占领纽约（“哥谭”）的著名场景参考的其实是狄更斯对法国大革命的记述，而不是“占领华尔街”运动本身。这让我觉得很虚伪。众所周知，好莱坞剧本在创作过程中会不断改写，最后常常与初始文本面貌迥异；此外，就信息传递而言，小到一个场景在哪儿取景（“我知道了，让警察在纽约证券交易所前面与贝恩的追随者对峙！”）或是一个措辞上的微调（“我们把‘控制’改成‘占领’吧”）就能让一切大不相同。

还有明摆着的事实，片中反派确实占领了华尔街，也攻击了证券交易所。

我想说，毁掉这部电影的恰恰就是这种关联现实的渴望，是主创们敢于处理当前重大议题的事实。这格外令人难过，因为三部曲的前两部——《侠影之谜》（*Batman Begins*）和《黑暗骑士》（*The Dark Knight*）——都有过真正的雄辩时刻。它们反映出诺兰确实对人类心理有些有意思的见地，特别是在创造性和暴力的关系上（很难想象哪个成功的动作片导演不是这样）。《黑暗骑士崛起》比前两部野心更大。它敢于站在宏大的时代背景下发声。可结果是，它变得磕磕巴巴，不能自洽。

* * *

像这样的时刻蕴藏着启发性，其中一个原因在于它们提供了某种窗口，供我们思考超级英雄电影和普遍意义上的超级英雄真正在表达什么。这反过来有助于解答另一个问题：这类电影突然大量出现的原因是什么？这类电影突然涌现，有时给人感觉漫画改编电影似乎已经取代了科幻片，成为好莱坞特效大片的主流形态，更迭速度之快，堪比 20 世纪 70 年代警匪片取代西部片成为动作片的主导类型。

为什么在此过程中，人们熟悉的超级英雄突然被赋予了复杂的内核——家庭背景、情感矛盾、道德危机、焦虑、自我怀疑？或者说为什么（同样真实，却鲜有人探讨），他们有了灵魂这件事似乎也迫使他们必须选择某种鲜明的政治倾向？有人可能会辩称，最早发生这种转变的不是漫画角色，而是詹姆斯·邦德，他的传统形象是与邪恶幕后主使相对照的超自然存在，在电影版中的形象也总是如出一辙。《皇家赌场》（*Casino Royale*）赋予了邦德心理上的深度。于是在下一部中，邦德已经开始从邪恶的跨国水资源私有化分子手中拯救玻利维亚土著社区了。

蜘蛛侠也开始偏向左翼，就像蝙蝠侠开始偏向右翼那样。某种程度上，这可以理解。超级英雄是其历史渊源的产物。超人是大萧条时期流离失所的艾奥瓦农场男孩；蝙蝠侠是亿万富翁花花公子，是创立于“二战”初期（也是他本人出生的年代）的军工综合体的继承人；蜘蛛侠彼得·帕克是20世纪60年代的产物，是个来自皇后区的自命不凡的工人阶级小子，往血管里注射了一点奇怪玩意儿。但问题又来了，在最新的电影*中，潜台词变得出奇地直白。（“你不是义务警察，”警官说道，“你是无政府分子！”）尤其在高潮部分，蜘蛛侠被警察的子弹打伤，又在工人阶级大团结中获救，当时曼哈顿各处的数十名起重机操作工无视城市秩序，动员起来帮助了他。诺兰的电影是最具政治野心的，但明显也是失败得最惨的。是因为超级英雄类型片本身不适合传递右翼信息吗？

---

* 指2012年上映的《超凡蜘蛛侠》（*The Amazing Spider-Man*）。——译者注

当然了，这可不是过去的文化批评家倾向于得出的结论。

* * *

那么关于超级英雄类型片中的政治，我们能得出什么看法呢?从漫画着手似乎比较合理，因为这是其他一切（电视节目、动画剧集、电影大片）的根本来源。超级英雄漫画最初是个 20 世纪中叶的现象，与所有 20 世纪中叶的流行文化现象一样，本质上是弗洛伊德式的。也就是说，如果一部通俗虚构作品反映了什么人性或者人类动机，你能指望看到的一定是某种流行的弗洛伊德主义。有时，它甚至表现得相当直白，例如《禁忌星球》（*Forbidden Planet*，1956）中“来自本我的怪物”。而通常，它只是潜台词。

翁贝托·埃科曾说过，漫画故事已经有点像梦境了。同样的基本情节强迫症似的一遍又一遍重复；什么也没改变，哪怕故事背景从大萧条切换到“二战”，再到战后繁荣时期，故事中的英雄——无论是超人、神奇女侠、青蜂侠还是奇异博士——似乎都活在永恒的当下，永不衰老，始终如一。基本情节套路如下：一个坏人——可能是犯罪头目，更常见的是一个强大的超级反派——开启了一项征服世界、破坏、盗窃、勒索或复仇计划。英雄发觉了危险，弄清了实情。经历了考验和困境，英雄在最后关头挫败了反派的计划。世界恢复正常，直到下一集，一模一样的事情再度上演。

不需要天才也能弄明白这里发生了什么。英雄们完全是“反动的”（reactionary）。我是在字面意义上使用这个词的：他们只是对事情做出反应（react）而已，他们没有自己的计划。（或者更准确地说，**身为英雄**的他们没有自己的计划。作为克拉克·肯特，超人可能一直在尝试睡到露易丝·莱恩，并反复失败。作为超人，他纯粹是被动反应的。）事实上，超级英雄好像完全缺乏想象力。蝙蝠侠布鲁斯·韦恩坐拥全世界的财富，却似乎想不到要拿它们干什么，除了再多设计些高科技武器，并满足于偶尔做做慈善。同理，超人似乎从没想过他可以轻松终结世界饥馑，或不花一分钱就从山间开凿出魔法城市。超级英雄们几乎从不制造、创造或建造任何事物。相比之下，大反派们坚持不懈地发挥着创造力。他们有一堆计划、项目和想法。很显然，我们应当首先在不知不觉中对反派产生认同感。毕竟，只有他们乐在其中。随后我们当然会为此感到内疚，转而认同英雄，然后看着超我将越轨的本我打到投降，从中获得更多乐趣。

当然了，当你开始论证漫画传递了什么信息时，通常可能会听到如下反驳："可这不就是廉价娱乐吗！它们才没想教我们任何关于人性、政治或社会的东西，就跟摩天轮差不多。"当然，这在某种程度上属实。流行文化的存在并不是为了说服任何人相信任何事。它们是为了愉悦而存在的。尽管如此，如果你仔细观察，就会发现大多数流行文化项目也的确倾向于将这份愉悦融入某种论证。至于这是如何做到的，恐怖片提供了一个简单明了的例子。恐怖电影的代表性情节是某种越轨和惩罚的故事；在这种类型下最纯粹、最简单粗暴、最不隐晦的分支——变态杀人狂电影（slasher film）中，你总能看到同样的情节走向。正如卡罗尔·克洛弗（Carol Clover）在她的权威著作《男人、女人和电锯》（*Men, Women, and Chainsaws*）中指出的，影片首先会不动声色地鼓励观众认同恶魔（镜头实际上选取了恶魔视角），跟随他残杀那些“坏女孩”，而在那之后，观众才会转向兼具双性特质的女主角视角，跟随她最终将恶魔摧毁。情节始终是一个简单的越轨与惩罚的故事：坏女孩犯罪，她们做爱，她们没有上报肇事逃逸事故，也许她们只是些粗鲁愚蠢的青少年；结果，她们被人剥皮抽筋。接下来，罪魁祸首被贞洁的好女孩剥皮抽筋。这一切都非常具有基督教和说教特点。罪孽可能微不足道，而惩罚与之完全不对等，但传递的终极信息是：“这当然是他们应得的；我们大家也一样；无论有着怎样文明的外表，我们本质上都是腐化与邪恶的。证据吗？看看你自己吧。你不邪恶吗？你要是不邪恶，看这种虐待狂垃圾片怎么会有快感？”

我说愉悦是一种论证形式，就是这个意思。

除此之外，一部超级英雄漫画或许看上去无害。在很多方面确实如此。如果漫画只是在告诉一群青春期男孩，人人都有某种对骚动和混乱的渴望，但最终我们需要控制这种渴望，那么它的政治影响似乎不会特别糟。尤其因为这份信息仍然保有一种健康范围内的矛盾心理，就像那些似乎把大把时间花在砸烂城郊购物中心等场所的当代动作片英雄。我们大多数人都很愿意在有生之年砸一回银行或购物中心。用巴枯宁（Bakunin）的话来说：“破坏的冲动也是创造的冲动。”

尽管如此，我认为有理由相信，至少在大多数超级英雄漫画的情况中，这份骚乱确实产生了非常强烈的保守主义政治影响。为了理解个中缘由，我不得不简短地跑个题，讲讲制宪权的问题。

* * *

乔装打扮的超级英雄根本上是以法律之名打击罪犯的，即便他们自己常常在严格的法律框架之外行动。但在现代国家，法律的地位本身就是一个问题。这缘于一个基本的逻辑悖论：没有体系能够自我生成。任何能够建立法律体系的权力，自身都无法受该体系约束。所以法律必须来自其他某处。在中世纪，解决方法很简单：法律秩序由上帝创建，而《旧约》已大篇幅阐明，上帝本身不受法律甚或任何可辨的道德体系的约束（同样，这合情合理：如果你创造了道德，那么根据定义，你不可能受它约束）。或者，如果不是直接源自上帝，那么就是源自神授的王权。英国、美国和法国的革命者改变了这一切，创造出人民主权的概念——宣布曾经由国王掌握的权力现在由他们称为“人民”的实体掌握。这产生了一个直接的逻辑问题，因为根据定义，“人民”实际上是一群受同一套特定法律约束而联合在一起的个人。那么，他们在何种意义上得以创造出那些法律呢？当这个问题在英国、美国和法国革命后首次被提出时，答案似乎一目了然：通过革命本身。但这进一步带来了一个问题。革命是违法行为。武装起义、推翻政府并建立新的政治秩序，这完全是非法的。依据他们土生土长背景下的法律，克伦威尔、杰斐逊和丹东显然都犯了叛国罪；就好比再过个 20 年，他们如果试图在自己创立的新政权下做同样的事，也会被定为叛国罪一样。

所以，法律产生于非法活动。这造成了现代政府概念本身的不自治，因为这一概念假定国家垄断了暴力的合法使用权（只有警察、监狱看守或者有正式授权的私人安保，才享有殴打你的法定权利）。警察使用暴力是正当的，因为他们在执行法律；法律是正当的，因为它根植于宪法；宪法是正当的，因为它来自人民；人民通过非法的暴力行为创立了宪法。那么，问题来了：该如何区别“人民”和暴徒？

这并没有显而易见的答案。

主流的、体面的回答是把问题推得越远越好。常见的路数是：革命时代已经结束了（可能在加蓬或叙利亚之类的地区除外），我们现在可以通过法律手段修改宪法或法律标准。这当然意味着基本结构是永远不会变的。结果可参见美国，它一直维持着包括选举人团和两党制在内的国家架构，虽然这放在1789年还相当进步，如今却令我们在世人眼里仿佛政治上的阿米什人，还乘着马拉的车到处跑。这也意味着我们将整个系统的合法性建立在人民同意之上，尽管事实是，唯一一批真正就此被征求过意见的人民生活在200年前。至少在美国，“人民”早已作古。

自那时起，建立法律秩序的权力从来自上帝，转变为来自武装革命，又转变为根植于纯粹的传统——“这些是老祖宗留下的习俗，我们有什么资格质疑他们的智慧？”（当然，不少美国政客明确表示，他们真的很想把权力还给上帝。）

这就是我说的主流对这些问题的看法。对于激进左派和独裁右派而言，制宪权是个相当现世的问题，但二者处理暴力这一基本问题的方式截然相反。左派经过20世纪灾难的洗礼，很大程度上已经远离了从前对革命暴力的推崇，更偏好非暴力形式的抗争。那些人之所以能以高于法律的名义行事，恰恰是因为他们不像暴徒那样行事。而在右派看来（自 20 世纪 20 年代法西斯主义兴起以来一直如此），革命暴力存在特殊之处，有别于单纯的犯罪暴力。这种观点纯属自以为是的扯淡。暴力就是暴力。但这并不意味着暴徒不能成为“人民”，因为无论如何，暴力才是法律和政治秩序的真正来源。任何对暴力的成功运用都自成一种形式的制宪权。这就是为什么瓦尔特·本雅明说，我们忍不住会去钦佩“伟大的罪犯”：因为，正如多年来许多电影海报上写的，“他制定了自己的法律”。毕竟，任何犯罪组织都免不了要着手制定自己的一套内部规章制度，通常还相当详尽。它们不得不借此来控制暴力，避免暴力以完全随机的形态出现。但在右翼角度看来，这就是法律一直以来的全部内涵。它是一种控制暴力的手段，暴力使它存在，而它最终又通过暴力得以执行。

这使我们更容易理解犯罪分子、犯罪团伙、右翼政治运动和国家武装代表之间常常十分惊人的密切联系。归根结底，他们都说同一种语言。他们以武力为基础制定自己的规则。因此，这类人通常共享同一种广泛的政治感知。墨索里尼或许剿除了黑手党，但意大利的黑手党成员仍然敬仰墨索里尼。在如今的雅典，贫困移民社区的犯罪头目、法西斯帮派和警察之间有着活跃的合作。事实上，这个例子中明显体现了一种政治策略：在民众可能起义反对右翼政府的预期下，警方首先从移民帮派周边的社区撤出保护，随后开始暗中支持法西斯分子（结果，一个公开的纳粹政党迅速崛起。据报道，大约一半的希腊警察在最近一次选举中投票给纳粹政党*）。但极右翼政治正是这样运转的。对其而言，在法律秩序之外运作的几股不同的暴力势力（或者就警察的情况而言，有时只是擦着法律的边）在一个空间内彼此互动，其间，新的权力形式得以出现，进而带来新的权力秩序。

* * *

那么这一切与乔装打扮的超级英雄有什么关系？关系太大了。因为这正是超级英雄和超级反派生活的空间。一个本质上具有法西斯性质的空间，其中只有黑帮分子、未来的独裁者、警察、暴徒，彼此之间的界限越来越模糊。警察有时墨守成规，有时贪污腐败。有时警方自己也会陷入私刑主义（vigilantism）。有时他们会迫害超级英雄；至于其他让他们另眼相看的超级英雄，他们则会提供帮助。反派和英雄偶尔会联手。力量阵线始终在变化。如果有什么新东西出现，那一定出自这种变化的力量。无他。因为在 DC（侦探漫画）和漫威宇宙中，上帝或人民根本不存在。

这样一来，潜在的制宪权只可能来自暴力输出者。事实上，只要超级反派和邪恶幕后主使不是一心梦想着完美犯罪或沉迷于随机恐怖行为，他们便总在谋划某种新的世界秩序。可以肯定，如果红骷髅、

* 此处的纳粹政党指的是希腊极右翼政党金色黎明党。在希腊债务危机等政治经济问题的背景下，该党于 2012 年在政坛迅速崛起，在 2012 年和 2015 年的希腊议会选举中均获得议席，一度成为希腊第三大政党。但此后，该党逐渐失势，并于 2020 年 10 月被希腊法院裁定为犯罪组织。——译者注

征服者康或毁灭博士当真接管了这个星球，他们很快会制定出许多新的法律。那些想必不是什么好法律。而它们的创造者无疑不会受其制约。但除此之外，我们预感那些法律会得到严格执行。

超级英雄抵制这种逻辑。他们不想征服世界——哪怕只是因为他们不是偏执狂或疯子。结果，他们成了反派的寄生天敌，就像警察是罪犯的寄生天敌那样：没有后者，前者就没有了存在的理由。他们负责捍卫一种似乎凭空出现的法律和政治秩序，无论它有多大的缺陷或者多么堕落，都必须加以捍卫，因为仅有的那个替代选项要糟糕得多。

他们不是法西斯主义者。他们只是普通的、正派的、有超能力的人，身在一个法西斯主义是唯一的政治可能性的世界之中。

* * *

我们可能会问，为什么一种以如此奇特的政治概念为前提的娱乐形态会出现在 20 世纪早期到中期的美国，恰逢真正的法西斯主义在欧洲兴起之际？这是某种美国版的奇幻文学吗？不尽然。法西斯主义和超级英雄都更像是出自一个相似的历史困境：当革命的理念本身被摒弃之后，社会秩序的基础是什么？最重要的是，政治想象发生了什么变化？

可以从超级英雄的核心受众入手。他们以青春期或青春期前的白人男孩为主。也就是说，在这些个体所处的特定生活阶段，他们可能既有着最大限度的想象力，也至少有一点叛逆；但他们也在接受培养，旨在最终担起这个世界上有权有势的职位，成为父亲、警长、小企业主、中层经理人、工程师。那他们从这些无限重复的戏剧中学到了什么？首先，想象和反叛会导致暴力；其次，与想象和反叛一样，暴力也很有趣；最后，归根结底，暴力的矛头必须反过来指向任何想象和反叛的泛滥，以免一切遭到扭曲。必须遏制这些东西！这就是为什么超级英雄明明可以任意施展想象力，而这种想象力却只能扩展到他们的服装设计、汽车、住所或各种配件上。

正是在这个意义上，超级英雄情节的逻辑是高度保守的。归根结底，左翼和右翼情绪的划分取决于一个人对待想象的态度。对于左派来说，想象力、创造力，以及由此延伸出的生产力，都是带来新事物和新的社会安排的力量，始终是值得称颂的。那是世上一切真正价值的来源。对于右派来说，那是危险的，因此说到底，是邪恶的。创造的冲动也是破坏的冲动。这种态度在当时流行的弗洛伊德主义中很普遍：本我是心智的驱动力，但也是不道德的；如果真的将其释放，它将导致一场毁灭性的狂欢。这也是保守主义者与法西斯主义者的区别。二者都同意，释放想象力只会导致暴力和破坏。保守主义者希望对抗这种可能性从而保护我们。法西斯主义者无论如何都希望释放它。他们渴望成为伟大的艺术家，就像希特勒自我想象中的那样，用人类的思想、鲜血和筋骨作画。

这意味着不只是混乱，就连沉浸在幻想生活里这件事本身，也成了读者的恶趣味（guilty pleasure）。要说哪个艺术类型归根结底是在警告人类想象力很危险，这固然显得古怪，但确实可以解释为什么在严肃呆板的 20 世纪四五十年代，人们的确隐隐感到这些漫画是不三不四的读物。这也能解释漫画如何在 60 年代突然变得无害起来，允许出现傻气的、坎普（camp）风格的电视版超级英雄，就像亚当·威斯特版《蝙蝠侠》剧集或周六早晨播出的《蜘蛛侠》动画。如果说这背后要传递的信息是，反叛的想象力也可以被接受，只要它无涉政治而仅限于消费选择（又是服饰、汽车、配件），那么这信息就连执行制片也能轻易看穿。

* * *

我们可以得出结论：经典漫画表面上是政治的（关于疯子试图接管世界），实际上是心理的和个人的（关于克服青春期叛逆的危险），但归根结底还是政治的。[1]

如果这属实，那么新的超级英雄电影与之恰恰相反。它们表面上是心理的和个人的，实际上是政治的，但归根结底还是心理的和个人的。

* * *

超级英雄的人性化并非始于电影。它实际上是 20 世纪八九十年代从漫画类型自身开始的，为首的有弗兰克·米勒的《蝙蝠侠：黑暗骑士归来》（*The Dark Knight Returns*）和艾伦·摩尔的《守望者》（*Watchmen*）——一个或许可以称之为黑色超级英雄（superhero noir）的子类型。当时，超级英雄电影仍在沿袭 60 年代的坎普传统，比如克里斯托弗·里夫（Christopher Reeve）的《超人》系列，或迈克尔·基顿（Michael Keaton）的《蝙蝠侠》。不过最终，好莱坞还是迎来了黑色超级英雄的子类型，其灵感可能多少来源于黑色电影。有人可能会说，诺兰版蝙蝠侠三部曲的第一部《侠影之谜》标志着该类型的银幕巅峰。在那部电影中，诺兰本质上问的是："如果蝙蝠侠这样一个人真的存在呢？那会怎样发生？是什么让一个原本受人尊敬的社会成员决定打扮成蝙蝠模样在街上四处搜寻罪犯？"

不出所料，迷幻药在这里发挥了重要作用。严重的心理健康问题和古怪的宗教崇拜也有份。

奇怪的是，本片影评人似乎从未关注到诺兰电影中的布鲁斯·韦恩患有边缘性精神障碍。就自身而言，他几乎完全功能失调，无法建立友谊或恋爱关系，对工作提不起兴趣，除非它以某种方式强化了他的病态癖好。这位英雄显然是疯了，而这部电影显然是关于他与自身的疯狂之间的斗争，反派们无疑只是一系列自我的附属物：忍者大师拉尔斯·艾尔·古尔（坏父亲）、犯罪大佬（成功商人）、稻草人（逼疯商人）。他们身上没有什么特别吸引人的地方。但那并不重要——他们不过是英雄破碎心灵的碎片和镶嵌物。因此，我们不必先认同反派，再在自我厌恶中退却；我们只需要享受地看着布鲁斯替我们做这些。

片中也没有明显的政治信息。

或者说看上去是这样。但当你用承载了太多神话和历史的人物来创作一部电影时，没有导演能完全掌控他的素材。电影主创的作用大体上是将他们组装起来。片中的主要反派拉尔斯·艾尔·古尔先是在不丹的一座修道院里将蝙蝠侠纳入了影武者联盟（League of Shadows），然后才透露他计划摧毁哥谭以消除世界腐败。从原版漫画中，我们了解到拉尔斯·艾尔·古尔（该角色是在1971年引入的，很能说明问题）实际上是一个原始主义者和生态恐怖主义者，决意通过减少大概99%的地球人口来恢复自然平衡。诺兰改编故事的主要方式是让蝙蝠侠在一开始成为拉尔斯·艾尔·古尔的门徒。但放到当代语境下，这多少也顺理成章。毕竟，一个信托基金子女冥冥中被某种不公正感触动，穿戴黑衣黑面罩，走上街头制造暴力和混乱，但始终留心不要真正致人死命，这样的人物第一时间在人们脑海中唤起的是怎样一副媒体刻板印象（至少是在西雅图发生的针对世界贸易组织的直接行动之后）？更何况启发他的是一位认为我们需要回到石器时代的激进大师？诺兰把他的英雄变成了约翰·泽尔赞（John Zerzan）* 的一个黑群（Black Bloc）† 门徒，在意识到重建伊甸园的实际后果之后又与前导师反目。

事实上，三部曲中没有哪个反派想统治世界。他们不希望拥有凌驾于他人之上的权力，或是创立任何新规则。就连他们的爪牙也不过是一时之权——他们往往计划最终杀死那些人。诺兰的反派总是无政府主义者。可他们也总是非常奇特的那种无政府主义者，似乎只存在

---

* 约翰·泽尔赞（1943—　）是美国无政府主义与原始主义生态哲学家和作家。他的作品批判了农业文明的内在压迫性，并提倡借鉴狩猎-采集者的生活方式作为自由社会的应有形态。——译者注

† 又译“黑盟”“黑块”，是一种抗议游行活动中使用的战术，其中每人都身着黑衣，均以围巾、面罩、墨镜等遮挡面部，有时会诉诸暴力。该战术从20世纪80年代德国的抗议活动中开始兴起。在前文提到的1999年西雅图反世贸组织示威游行中，发生了较大规模的黑群行动，使之获得了在欧洲以外更广泛的媒体关注。——译者注

于电影主创的想象之中：他们相信人性从根本上是邪恶与腐化的。小丑，第二部电影中真正的英雄，将这一切表达得一清二楚：他基本可算作本我化身的哲学家。小丑没有名字，也没有任何出身，有的只是他在任何特定场合发明的各种怪诞事物；就连他的能力是什么或从何而来都不得而知。然而，他无情地强大。小丑是一股完全自造的力量，是一首自我写就的诗；他唯一的人生目标似乎就是偏执地向他人证明，首先，一切都是且只能是诗歌，其次，那诗歌是邪恶的。

所以在这里，我们回到了早期超级英雄宇宙的核心主题：长久以来对人类想象力之危险的反思；读者自己沉浸在一个由艺术诉求驱动的世界里的欲望，生动地证明了为什么想象力必须始终受到小心的遏制。

其结果是一部扣人心弦的电影，反派既讨人喜欢——他的乐趣显而易见——又令人发自内心感到害怕。《侠影之谜》中都是在谈论恐惧的人。《黑暗骑士》实际上制造了一些恐惧。但即便是这部电影，在触及大众政治的那一刻也开始变得乏力。当效仿黑暗骑士的假冒蝙蝠侠在全城出现时，人民起初尝试过一次蹩脚的干预。他们当然都死得很惨，然后就没有然后了。从那之后，他们被放归原处，做回了观众，就像罗马圆形剧场里的乌合之众一样，他们的存在只是为了评判主人公的表现：对蝙蝠侠竖大拇指，对蝙蝠侠向下伸大拇指，对不懈斗争的地方检察官竖大拇指……最后，当布鲁斯和戈登警长决定让蝙蝠侠做替罪羊，围绕哈维·丹特的死亡制造一个虚假神话时，这无异于承认政治就等同于小说艺术。小丑是对的。在一定程度上。一如既往，救赎只能依赖于将暴力和欺骗以其人之道还治其人之身。

他们本来不这样也能做得很好。

这种政治构想的问题在于它根本不真实。政治不仅仅是以暴力为后盾的操纵意象的艺术。它并不真的是剧团主理人之间的决斗，只要以足够的艺术巧思呈现就能让观众相信大多数事。毫无疑问，在非常富有的好莱坞电影导演看来，想必政治就是这样的。但在第一部和第二部电影的拍摄间隙，历史果断介入，指出了这种构想的错误之处。经济崩溃了。不是因为什么武僧秘密社团的操纵，而是因为一群生活在诺兰的泡泡世界中的金融经理人同他一样假定大众可以被无限操纵，结果证明那是错的。这激起了大众广泛的回应。回应的形式不是狂热地寻找弥赛亚救世主，并伴随着虚无主义暴力的爆发；[2]它逐渐呈现为一系列真正的大众运动，甚至是革命运动，推翻中东的政权，占领从克利夫兰到卡拉奇各地的广场，试图创造新的民主形式。

制宪权以一种富于想象力的、激进的和非暴力的形式重新出现了。这正是超级英雄宇宙无法处理的局面。在诺兰的世界里，“占领”这种事只可能是一小群有心机的操纵者（像我这样的人，你懂的）实际贯彻某种秘密议程的产物。

诺兰真该把这类话题搁置一旁，但他显然无法自拔。结果拍出来的电影堪称完全不自洽。这大致上又是一部伪装成政治剧的心理剧。情节错综复杂，几乎没什么值得一提的。布鲁斯·韦恩在没了第二自我的情况下再度功能失调，成了一个隐士。一个商界竞争对手雇猫女来窃取他的指纹，以便偷走他所有的钱；但实际上，这个商人被一个名叫贝恩的戴防毒面具的超级反派操纵了。贝恩比蝙蝠侠更强大，但基本上是个悲惨之人，苦苦单恋拉尔斯·艾尔·古尔的女儿塔利亚，年轻时因不公而身陷监狱地牢并被虐待致残，他必须持续佩戴遮住脸孔的面具，以免在剧烈痛苦中崩溃。如果观众认同这样的反派，那只能是出于同情。没有哪个头脑正常的人会想**成为**贝恩。不过这大概就是重点所在：警示人们过分同情不幸之人的危险。因为贝恩也是一位极具个人魅力的革命者，他在解决了蝙蝠侠之后，戳穿了哈维·丹特的伪神话，放走了哥谭监狱的犯人，还释放出规模空前的民众，洗劫并烧毁了那1%的人的豪宅，将其住户拖上了革命法庭。（好笑的是，稻草人作为罗伯斯庇尔再度现身。）但实际上，贝恩最终打算用某个绿色能源项目改造的核弹杀死他们。为什么？谁知道呢？也许他也是什么原始主义生态恐怖分子，和拉尔斯·艾尔·古尔一样。（他似乎的确接任了同一个组织的领导者。）也许他想通过完成塔利亚父亲的事业来打动她。又或许他就是邪恶的，无须更多解释。

反过来看，贝恩为什么要领导人民展开一场社会革命呢，如果他无论如何都要在几周后用核武器把他们尽数毁灭？同样，随你怎么猜。他说在你毁灭某些人之前，你必须先给他们希望。所以，背后的信息是乌托邦式梦想只能招致虚无主义的暴力吗？想必差不离了，但这根本不能令人信服，因为杀死所有人的计划是先有的。革命是一种粉饰性的马后炮。

事实上，发生在这座城市的事只在一种情况下说得通，那就是作为一种外物映射，呼应着一直以来最重要的东西：布鲁斯·韦恩备受折磨的大脑中发生的事。蝙蝠侠在电影中段被贝恩弄残之后，落到了贝恩本人曾遭囚禁的那个恶臭地牢里。监牢位于井底，囚犯始终被阳光嘲弄着，而井却深不可攀。贝恩确保布鲁斯恢复健康，就是为了让他尝试攀井，再屡次失败，好让他明白是自己的失败导致心爱的哥谭被摧毁。只有到那时，贝恩才会赐他一死。这很刻意，但至少从心理层面，你可以说它有些道理。转换到城市层面，这根本没有道理可言：为什么有人要给所有人希望，再出其不意地让他们人间蒸发？前者是一种残忍。后者不过是随机行为。还不只如此，电影主创为了强化这层隐喻，又让贝恩对哥谭警察局故技重施。在这个蠢到连漫画的合理度都达不到的情节设计中，哥谭警察局几乎全员被诱至城市地下，与安置好的炸弹困在一起，不过又出于某种原因获得了食物和水，大概是为了让他们也能遭受希望的折磨。

其他发生的事情也都是相似的投射。这一次，猫女扮演起了通常分配给观众的角色，首先认同贝恩的革命项目，接着在没有确切说明原因的情况下改变主意并把他炸飞。蝙蝠侠和哥谭警察都从各自的地牢中崛起，联手与证券交易所外的邪恶占领者作战。最后，蝙蝠侠假装自己因处理炸弹而死，布鲁斯则最后在佛罗伦萨与猫女携手。一个新的伪殉道者传奇诞生了，哥谭人民得到了抚慰。以防更多麻烦出现，电影还向我们确保了蝙蝠侠会有一位潜在继任者，一个名叫罗宾的理想幻灭的警官。所有人都松了一口气，因为电影终于结束了。

有没有一个我们应该带回家的信息呢？如果有，那它似乎是这样的："的确，这个制度是腐败的，但这是我们拥有的一切，而且不管怎样，如果权威人物之前历经了磨难并承受过可怕的痛苦，那么他们就是可以信任的。”（普通警察任由孩子死在桥上。被活埋几周的警察可以合法使用暴力。）“不错，不公固然存在，它的受害者也值得我们同情，但同情需要控制在合理范围内。做慈善比解决结构性问题要好得多。后者会带来疯狂。”因为在诺兰宇宙里，任何解决结构性问题的尝试，哪怕通过公民的非暴力不服从，实际上**都是**一种暴力形式；因为它只可能如此。有想象力的政治本质上是暴力的，因此，如果警察的反应是将和平抗议者的头反复砸向水泥地，那也并无不妥。

作为对占领运动的回应，这简直可悲。当《黑暗骑士》于 2008 年问世时，很多声音都在讨论这是不是对反恐战争的宏大隐喻：好人（也就是我们）可以在多大程度上运用坏人的手段？想必电影主创也真的在思考这类问题，并且仍然拍出了一部好电影。可是，反恐战争实际上是一场秘密网络和操纵景观的战斗。它以炸弹开始，以暗杀结束。人们几乎可以将其视作双方都在尝试实际演绎一种漫画版的世界。一旦真正的制宪权出现在场，那个世界就变得不自洽，甚至显得荒谬可笑。革命正在席卷中东，美国却还花着数千亿美元在阿富汗跟一群散兵游勇的神学院学生作战。诺兰的不幸在于，纵有那么多的操纵力，但当真正的大众力量（哪怕只是蛛丝马迹）降临纽约时，同样的情况也会发生在他的世界里。

注 释

导论

1 Elliot Jacques (Ann Arbor: University of Michigan Press, 1976).

2 Gordon Tullock (Washington, D.C.: Public Affairs Press, 1965).

3 Henry Jacoby (Berkeley: University of California Press, 1973).

4 C. Northcote Parkinson (Cambridge, MA: Riverside Press, 1957). “组织中的工作会趋向冗余，以便填满分配给它的时间。”

5 Laurence J. Peter and Raymond Hill (London: Souvenir Press, 1969). 这部名作揭示了在组织中工作的成员如何“晋升至自己无法胜任的位置”，还衍生出了一档热门的英国电视节目。

6 R. T. Fishall (London: Arrow Books, 1982). 关于如何让官僚们狼狈难堪的新晋经典文本，据传出自英国天文学家、BBC（英国广播公司）主持人帕特里克·摩尔爵士（Sir Patrick Moore）之手。

7 还可以更进一步。如我所言，“可接受的”左派同时拥抱官僚制和市场。自由主义右派至少对官僚制有所批判。法西斯右派则对市场有所批判——他们通常支持社会福利政策，只不过希望将范围限定在自己青睐的族群内。

8 特殊的历史际遇使得“liberal”（自由主义者）一词在美国的含义有别于世界其他地方。这一术语最初适用于自由市场的狂热拥趸，这层含义如今依然适用于世界上许多地方。在美国，该词被社会民主主义者占用，因而遭到右派的割席；自由市场拥趸们不得不改用“libertarian”（自由至上主义）一词，其原义通“无政府主义”，使用场景类似于“自由至上社会主义者”（libertarian socialist）或“自由至上共产主义者”（libertarian communist）。

9 事实上，路德维希·冯·米塞斯的立场在内核上是反民主的，至少就如下这点而言：它虽倾向于拒斥任何形式的国家解决方案，但与此同时，它也反对左翼的反国家主义立场，后者提倡在国家外部创建民主的自组织形式。

10 在涂尔干的传统中，这后来被称为“契约中的非契约元素”（the non-contractual element in contract）——无疑是社会学术语中极不起眼的一个。最早的相关讨论见于《社会分工论》[*The Division of Labor in Society* (New York: Free Press, 1984 (1893), p. 162]。

11 米歇尔·福柯关于新自由主义的论文认为这就是新旧自由主义的区别：那些宣扬市场的人现在明白了，市场不是自发形成的，而是必须通过政府干预来培育和维持的。*Naissance de la biopolitique*(《生命政治的诞生》), Michel Senellart, ed. (Paris: Gallimard, 2004)。

12 “我不知道自己曾多少次用到‘政府官僚’这个词。你永远找不到一个政客是不带贬义在使用这个词的。也就是说，我们知道纳税人有多不情愿掏钱给政府，所以我们试图通过表达对官僚的严苛或削减官僚队伍来获取信任……但请记住，这些人中的大多数同你们当中的大多数一样：他们爱自己的孩子。他们每天起床去上班。他们尽力而活……经历了上个月的种种，我看到了在俄克拉何马城灾难性的那天为我们服务的‘政府官僚’的孩子，也看到了那些把孩子放到日托中心以便为我们服务的人，他们的眼神让我决定永不再用这个词。”（www.presidency.ucsb.edu/ws/?pid=51382.）

13 From “Bureaucracy,” Max Weber, in *From Max Weber: Essays in Sociology*, H. H. Gerth and C. Wright Mills, eds. (New York: Oxford University Press, 1946), pp. 197–198. *

14 在许多方面，美国是一个德意志国家，而同样是出于 20 世纪早期那场对峙的缘故，它拒不承认自己是这样的。尽管通行英语，但美国人当中德裔远多于英裔。[或者想想在美国两种典型的食物：汉堡和法兰克福熏肠（热狗肠）。] 相较之下，德国这个国家以其在官僚事务方面的效率为荣；为了补全参照系，我们再对比一下俄罗斯，该国人民似乎普遍认为自己应该更擅长官僚制，却因事实并非如此而感到某种羞耻。

15 最近一名英国银行员工向我解释，通常情况下，即便是替银行工作的人也会对这些事情产生某种心照不宣的双重思维。在内部沟通中，他们提到规定时总是一副被强加于身的感觉——“财政大臣决定上调个人储蓄账户额度”“财政大臣决定实施更自由化的养老金制度”云云，尽管事实上人人都知道银行高管刚刚与心存顾虑的财政大臣进行了多轮晚宴和磋商，游说他们促成这些法律法规。高管们还

---

* 译文引自：马克斯·韦伯 . 马克斯·韦伯社会学文集 [M] . 阎克文，译 . 北京：人民出版社，2010：189—190，略有改动。——译者注

会在自己的建议被采纳时假装惊讶甚至沮丧，这类似某种博弈策略。

16 只有当一项政策旨在逆转其他已被贴上“放松管制”标签的政策时，它才不能被称作“放松管制”。所以博弈时须格外留心将你的政策率先贴上“放松管制”的标签。

17 我所描述的现象在全球普遍存在，但它起源于美国，并且美国精英在它的海外推广方面做出了最积极的努力，所以从美国的情况开始讲似乎是比较合适的。

18 可以说，著名电视角色阿奇·邦克是法团主义时代的集大成者——一个没受过教育的码头工，买得起郊区的房子，养得起不工作的妻子，固守成见，性别歧视，完全支持给了他这般安稳好日子的现行制度。

19 值得注意的是，今天美国右翼民粹主义者挪用的正是 20 世纪 60 年代的这种激进观点，即将共产主义、法西斯主义和官僚制福利国家一概而论。互联网上充斥着此类言论。想想“奥巴马医改”是如何不断地被拿来与社会主义和纳粹主义相提并论的（两者通常同时被提及）。

20 威廉·拉佐尼克（William Lazonick）做了大量工作记录这一转变，并指出这是一次商业模式的转变——全球化和离岸外包的影响只在稍晚的 20 世纪 90 年代末和 21 世纪初才呈现出来。[例如，参见他的“Financial Commitment and Economic Performance: Ownership and Control in the American Industrial Corporation,” *Business and Economic History*, 2nd series, 17 (1988): 115–128; “The New Economy Business Model and the Crisis of U.S. Capitalism,” *Capitalism and Society* (2009), 4, 2, Article 4; 或 “The Financialization of the U.S. Corporation: What Has Been Lost, and How It Can Be Regained,” *INET Research Notes*, 2012。] 针对这一阶层结盟转向的偏马克思主义视角的研究见于热拉尔·迪梅尼（Gérard Duménil）和多米尼克·莱维（Dominique Lévy）合著的 *Capital Resurgent: The Roots of the Neoliberal Revolution*（Cambridge, MA: Harvard University Press, 2004），以及 *The Crisis of Neoliberalism*（Cambridge, MA: Harvard University Press, 2013）。实际上，投资者和高管开始成为同一个阶层——他们彼此结合了，而横跨金融和企业管理领域的职业路径变得司空见惯。根据拉佐尼克的说法，从经济上看，影响最恶劣的是股票回购的做法。早在 20 世纪五六十年代，如果一家公司花上百万美元购入自家股票以推高其市值，可能被认定为非法操纵市场。自 80 年代起，随着高管们越来越多地以股票形式获取薪酬，此举已成常规操作；数万亿美元的企业收益重新流入了华尔街，而放到早些年，这些钱原本应被用于扩大业务、雇用工人或投入研发。

21 从 20 世纪 80 年代开始兴起的一句流行语是“生活自由，财务保守”（lifestyle liberal, fiscal conservative）。这指的是那些已经内化了 60 年代反主流文化的社会价值观，但开始以投资者的眼光看待经济的人。

22 需要明确一点，这绝对不是主流媒体中的情况，例如《纽约时报》（*The New York Times*）、《华盛顿邮报》（*The Washington Post*）等报纸，以及《纽约客》（*The

New Yorker)、《大西洋月刊》(*The Atlantic*)或《哈泼斯》(*Harper's*)等杂志。在这样的机构中，新闻学学位可能是减分项。至少这个论点只适用于小型媒体。但总体趋势始终是文凭主义在所有领域内的扩大化，有增无减。

23 www.aljazeera.com/indepth/opinion/2014/05/college-promise-economy-does-no-201451411124734124.html。引文来自 *Saving Higher Education in the Age of Money* (Charlottesville: University of Virginia Press, 2005), p. 85。下文续道："为什么美国人觉得这是一项正当的要求，或至少是必要的？因为他们就这么觉得。我们已经弃理性而去，进入了信仰和从众的国度。"

24 这无疑是我的亲身经历。在就读的研究生项目上，我是为数不多的出身工人阶级的学生之一，我沮丧地看着教授们首先向我解释他们认为我是全班乃至全系最好的学生，然后两手一甩表示爱莫能助，只能任由我领着微薄的补助，甚至在很多年里什么也拿不到，同时打着好几份工，而与此同时，父母是医生、律师和教授的学生似乎自动包揽了所有助学金、奖学金和学生资助。

25 继续教育无法获得政府的直接贷款，因此借贷人被迫以更高的利率去向私人贷款。

26 一位朋友给我举了图书馆学硕士学位的例子。现在，所有公共图书馆的岗位都要求取得该学位，尽管为期一年的学业能提供的东西事实上抵不过一两周的岗上培训。主要成果是确保在新任图书馆员工职业生涯的头一二十年里，其收入的20%~30% 被用于偿还贷款。就我朋友的情况而言，每月要还 1 000 美元，其中一半归大学（本金），另一半归放贷方（利息）。

27 这种共谋逻辑可以扩展到看似最不可能的组织里。美国某家首屈一指的左派期刊的主编职位，是由一位亿万富翁为自己买下来的。在该组织中晋升的头号准则当然是愿意假装是金钱之外的其他理由让她当上主编的。

28 我在一篇名为《胜利的冲击》(The Shock of Victory)的文章中概述了来龙去脉。显然，全球性的官僚制仍然存在，但像被国际货币基金组织强加的结构性调整一类的政策结束了，而 2002 年阿根廷在社会运动的高压之下债务违约，引发的一系列连锁反应实际终结了第三世界债务危机。

29 直到 20 世纪 70 年代，国际联盟和联合国基本还只停留在空谈层面。

30 例如在英国，由保守党首相罗伯特·皮尔爵士（Sir Robert Peel，1834—1835 年、1841—1846 年在任）提出的废除《谷物法》议案取消了英国的关税保护，被认为开启了自由主义时代。而皮尔首相最出名的政绩是组建了英国的首支警察部队。

31 几年前，正是朱利安·阿桑奇（Julian Assange，"维基解密"网站创始人）提醒了我这一点。当时，他的电视节目《明日世界》(The World Tomorrow)请到了一些"占领华尔街"运动的参与者。他知道我们当中有许多无政府主义者，于是提了一个意在挑衅的问题：假设你们的营地里有些人整夜都在打鼓，搅得谁都睡不着，而且就是不愿意停下，你们觉得怎么做为好？言下之意是警察或类似的角色——威胁使用暴力的非人格化强力——在这种情境下就是必要的。他提到的是真实存在的事件，即祖科蒂公园（Zuccotti Park）里的一些扰民的鼓手。但事实上，受不了音乐声的占领者通过协商与他们达成一致，让他们只在特定时间打鼓，就这么简单。无须暴力威胁。这揭示出一个事实：对历史上的绝大多数人来说，遇到这种情况时根本就没有什么警察可叫。可他们还是解决了问题。任你怎么找也找不到美索不达米亚、古代中国或古代秘鲁的城市居民被邻居的喧闹宴会逼疯的记述。

32 有可能存在不以这种方式运作的市场关系。虽然在大部分历史时期，非人格化的市场由国家创建，主要以支持军事行动为目的而组织起来，但也存在某些国家和市场分道扬镳的时期。亚当·斯密和其他启蒙时期的市场拥趸的很多观点似乎都有这样一个渊源：在中世纪的伊斯兰世界，伊斯兰法庭允许商业契约在不经政府直接干预、仅依赖商人口碑（由此引出信誉度）的情况下生效。任何此类市场在许多关键方面的运作方式都与我们习惯中的大相径庭，例如，市场活动更像是合作而非竞争［参见 *Debt: The First 5,00 Years* (Brooklyn: Melville House, 2011), pp. 271–282］。基督教世界有着与之不同的一套传统，即商业总是更多地卷入战争，且纯属竞争行为，尤其是缺乏先在的社会联系的情况下，多少必须依赖警察这样的角色来确保人们遵守规则。

33 近年来，这种情况似有好转迹象。但根据我的个人经验，基本上我每发表一篇论文，认为某种形式的社会控制归根结底是由国家对暴力的垄断促成的，都会有人斥责我的分析对福柯、葛兰西或阿尔都塞的理论应用是过时的一派胡言：要么因为“规训系统”不再那样运作了，要么因为如今我们发现它们从未那样运作过。

34 *The Collected Works of Abraham Lincoln*, vol. 5. Roy P. Basler, ed. (New Brunswick, NJ: Rutgers University Press), p. 52. 对于纽约北部小镇是如何实现这种转变的，人类学家迪米特拉·杜卡斯（Dimitra Doukas）提供了一个很好的历史概述，见 *Worked Over: The Corporate Sabotage of an American Community* (Ithaca, NY: Cornell University Press, 2003)。还可参考 E. Paul Durrenberger and Dimitra Doukas, “Gospel of Wealth, Gospel of Work: Counter-hegemony in the U.S. Working Class” , *American Anthropologist*, Vol. 110, Issue 2 (2008), pp. 214–225，讨论的是当代美国劳工中两种观点之间持续存在的冲突。

35 这场运动与始于 20 世纪六七十年代的同样经费充足的宣传自由市场意识形态的努力形成了有趣的对照。后者始于美国企业研究所（American Enterprise Institute）等智库的建立。相比之下，它似乎由资产阶级中更少的一部分人发起，又花了更长的时间才在大众舆论中产生了广泛影响，尽管最终它取得了更大的成功。

36 就连苏联官僚体制也结合了对劳动的赞美和创造一个消费者乌托邦的长期努力。需指出，20 世纪 80 年代里根政府实质上放弃贯彻反垄断的标志性做法，就是将许可一项兼并的标准从是否妨碍贸易改为“是否有益于消费者”。结果就是，从农业到图书销售等美国经济中的大多数领域都被极少数大型官僚化垄断集团或寡头公司控制了。

37 类似的情况有，在古典世界或中世纪基督教世界中，理性很难被视作一种工具，因为它实际等同于上帝的声音。这些我将在第三章中做更详细的讨论。

38 俄罗斯的在职公务员总数在 1992 年是 100 万，到 2004 年则是 126 万。这种增长格外值得留意，因为这段时期经济呈自由落体式衰退，并无多少需要管理的事务。

39 其逻辑类似于马克思主义中的拜物教概念，即人造物似乎有了生命，反过来控制了它们的创造者。最好将其理解为同一现象下的某种变体。

第一章

1 这个特定策略普遍到我认为该给它命个名。我提议称这招为“你再说一句，小猫就倒霉！”如果你抱怨一个官僚问题，得让你清楚这样做的唯一结果就是害某个下属遭殃——不管那个下属有没有参与造成最初的问题。接下来，投诉者如果不是异常残忍或报复心切，基本上会立刻撤回投诉。在这件事上，确实有人忘了告诉我一条关键信息，但我在向面前的主管抱怨显然是由他本人的失误导致的问题时，我也采取了同一招。

2 例如：“我们希望每个人都尽可能努力地为公共利益工作而不求回报！如果你达不到这个标准，显然就是反革命、资产阶级、个人主义寄生虫，我们只好把你送到劳改营。”

3 如果说确实存在对官僚制的人类学研究——相关经典就是赫兹菲尔德（Herzfeld）的 *The Social Production of Indifference: Exploring the Symbolic Roots of Western Bureaucracy* (New York: Berg, 1992)——它们也几乎从未把这种安排描述为愚蠢或白痴的。一旦这种情况出现，“官僚制之蠢”的观点往往被归因于研究者的报道人，他们被呈现为天真民众的样本，人类学家必须对其存在做出解释。他们会设问，为什么希腊村民或莫桑比克店主要开这么多关于地方官员的玩笑，把这些官员描绘成一无所知的白痴？一个从不在考虑范围内的答案是，村民和店主只是在描述现实。

我想这里我应该慎言。我不是在说人类学家和其他社会科学家完全没意识到，浸淫在官僚法规和章程中事实上经常导致人们以其他情况下会被视作愚蠢的方式行事。几乎人人都能从个人经历中意识到这一点。然而，出于文化分析的目的，显而易见的事实无人感兴趣。你充其量只能看到“是的，但是……”——假定由“但是”引出的才是所有真正重要的东西。

4 在某种程度上，这是对学校一贯鼓励学生去看世界的方式的公然蔑视：我最近不得不为所在大学填写一份在线的“时间分配报告”。其中有大约 30 个管理类目，却没有“写书”这一项。

5 “付之阙如”无疑是夸张说法。存在少数例外。屈指可数。在人类学中，最值得注意的是玛丽莲·斯特拉森（Marilyn Strathern）的杰作 *Audit Cultures: Anthropological Studies in Accountability, Ethics and the Academy* (London, Routledge, 2000)。

6 Talcott Parsons & Edward A. Shils, eds., *Toward a General Theory of Action* (Cambridge: Harvard University Press, 1951).

7 Eric Ross, “Cold Warriors Without Weapons.” *Identities* 1998 vol. 4 (3–4): 475–506. 稍微理一下这里的关系吧，在哈佛，格尔茨是克莱德·克拉克洪（Clyde Kluckhohn）的学生，克拉克洪不仅是“中央情报局地区研究基金的重要信源”（Ross，1998），还在帕森斯和希尔斯著名的韦伯主义社会科学宣言《走向行动的一般理论》（*Toward a General Theory of Action*，1951）中贡献了人类学部分。克拉克洪将格尔茨介绍给了麻省理工学院国际研究中心（MIT’s Center for International Studies），该中心当时由前中央情报局经济研究处主任领导，后者反过来又说服他从事印度尼西亚发展研究。

8 这里值得注意的是，1968 年之前，福柯本人在法国相对来说是个无名之辈，一度是个头号结构主义者，在挪威、波兰和突尼斯流亡多年。1968 年起义之后，他被迅速赶出了突尼斯，并得到了全巴黎声望最高的职称——法兰西学院教授。

9 人类学领域的相关讨论，参见诸如 Nancy Scheper-Hughes, *Death Without Weeping: The Violence of Everyday Life in Brazil* (Berkeley: University of California Press, 1992)；Carolyn Nordstrom and Joann Martin, *The Paths to Domination, Resistance, and Terror* (Berkeley: University of California Press, 1992)。

10 这个词本身可追溯到 20 世纪 60 年代和平学内部的论辩。它由约翰·加尔通（Johann Galtung）所造［“Violence, Peace, and Peace Research.” *Journal of Peace Research* 1969 vol. 6:167–191; *Peace: Research, Education, Action, Essays in Peace Research* (Copenhagen: Christian Ejlers, Vol. 1, 1982); Peter Lawler, *A Question of Values: Johan Galtung's Peace Research* (Boulder, CO, Lynne Rienner, 1995)］，以便控诉将“和平”仅仅定义为不存在人身攻击行为，这忽视了普遍存在的更危险的人类剥削结构。加尔通觉得“剥削”一词由于与马克思主义的高度绑定而显得太过沉重，于是作为替代提出了“结构性暴力”——任何单凭自身的运转就会经常性地对某一部分人口造成身体或心理伤害，抑或是限制他们自由的体制安排。结构性暴力也因此区别于“个人暴力”（personal violence，由一个身份确定的行为人施加的暴力）或“文化暴力”（cultural violence，那些为强加的伤害赋予正当性的关于世界的信仰和假设）。这也是人类学文献中主要使用该术语的方式［例如：Philippe Bourgois, “The Power of Violence in War and Peace: Post-Cold War Lessons from El Salvador.” *Ethnography* 2001 vol. 2 (1): 5–34; Paul Farmer, “An Anthropology of Structural Violence.” *Current Anthropology* 2004 vol. 45 (3):305–325; *Pathologies of Power: Health, Human Rights, and the New War on the Poor* (Berkeley: University of

California Press, 2005); Arun Gupta, *Red Tape: Bureaucracy, Structural Violence, and Poverty in India* (Durham, NC: Duke University Press, 2012)]。

11 考虑到世界实际的存在方式，这样的概念显然毫无意义。比方说，如果女性出于对人身侵犯或性侵犯的恐惧而被某些空间排除在外，那么我们就很难区分出这种恐惧、促使男性实施这类侵犯或促使警察感到受害者“咎由自取”的前提假设，抑或是大多数女性由此产生的认为这些不是女性该进入的空间的感受。反过来，我们也无法区分出这些因素与由此导致的女性无法受雇于特定工作的“经济”后果。所有这些构成了一个单一的暴力结构。

正如卡蒂亚· 孔福尔蒂尼（Catia Confortini）指出的［“Galtung, Violence, and Gender: The Case for a Peace Studies/Feminism Alliance.” *Peace and Change* 2006 vol. 31 (3):333–367］，约翰 · 加尔通的研究方法最根本的问题在于它将“结构”视作抽象的、自由浮动的实体，而我们这里真正指涉的却是物质**过程**，其中暴力和暴力威胁发挥了至关重要的构成性作用。事实上可以做此论证：正是这种抽象化的倾向使所有相关人士可以想象，维护系统的暴力在某种程度上并不对其暴力影响负责。

12 诚然，奴隶制常常被界定为一种道德关系（主人像父辈那样关心奴隶的精神健康，诸如此类），但一如许多人的观察，主人和奴隶都不会真的相信这种托词；事实上，有能力强迫奴隶配合这种明显虚假的意识形态，这本身就是主人确立其纯粹的专断权力的一种方式。

13 Keith Breckenridge, “Power Without Knowledge: Three Colonialisms in South Africa.” (www.history.und.ac.za/Sempapers/Breckenridge2003.pdf)

14 Keith Breckenridge, “Verwoerd’s Bureau of Proof: Total Information in the Making of Apartheid.” *History Workshop Journal* 1985, vol. 59:84.

15 Andrew Mathews, “Power/Knowledge, Power/Ignorance: Forest Fires and the State in Mexico.” *Human Ecology* 2005, vol. 33(6): 795–820; *Instituting Nature: Authority, Expertise, and Power in Mexican Forests, 1926—2011* (Cambridge: MIT Press, 2011).

16 David Apter, *The Politics of Modernization* (Chicago: University of Chicago Press, 1965); *Choice and the Politics of Allocation: A Developmental Theory* (New Haven: Yale University Press, 1971).

17 “暴力行为与任何其他类型的行为表达一样，深深融入了文化意义，是在根植于历史的行为模式中展现个体能动性的时刻。对现存的文化形式、象征和符号加以利用的个人行为主体由此被认为是‘诗性的’：它的底层是由规则制约的，而通过这种底层被运用的方式，新的意义和文化表达形式浮现了出来。”［Neil Whitehead, “On the Poetics of Violence,” in *Violence*, James Currey, ed. (Santa Fe, NM: SAR Press, 2004), pp. 9–10.］

18 在刑事案件中，我们往往会把拿枪指着别人的头并向他勒索钱财当作暴力犯罪，即使并未出现实际的身体接触。然而，大多数自由主义定义下的暴力却不把威胁实施身体伤害本身定义为暴力形式，因其暗含了颠覆性意味。结果，自由主义者倾向于将暴力定义为未经一致同意的伤害行为，而保守主义者则将其定义为未通过合法当局批准的未经一致同意的伤害行为；这自然使得国家（或任何他们认可的国家）无论如何都不可能参与“暴力”。[参见 C.A.J. Coady, “The Idea of Violence.” *Journal of Applied Philosophy* 1986 vol. 3 (1):3–19；还有拙作 *Direct Action: An Ethnography* (Oakland: AK Press, 2009), pp. 448–449。]

19 在这一点上我应该不必再专门点明，此类父权制安排属于显而易见的结构性暴力案例，它们的规范通过无休止的身体伤害威胁（以微妙或不那么微妙的形式）得到了认可。

20 从着手写这篇文章以来，我尽力寻找讲述这些研究的文章，但一直没找到［我最早读到它们是在 1990 年前后，当时我在塔那那利佛做田野调查，在翻看美国领事馆里的一本杂志时，从一篇关于电影《窈窕淑男》(*Tootsie*)的文章中读到了它们］。在我讲起这个故事时，经常有人告诉我，十几岁的男孩排斥把自己想象成女孩的真正原因只是恐同而已，就其本身而言，这可能属实。但接下来，我们就不得不发问，为什么恐同的力量如此强大，以及为什么恐同会呈现出这种特定形式？毕竟，许多十几岁的女孩也一样恐同，但这似乎不妨碍她们把自己想象成男孩并从中获得乐趣。

21 Bell Hooks, “Representations of Whiteness,” in *Black Looks: Race and Representation* (Boston: South End Press, 1992), pp. 165–178.

22 关于女性主义立场论的关键论述，参见 Patricia Hill Collins, Donna Haraway, Sandra Harding, Nancy Hartsock 等人的文章，收录于 Harding 主编的一部文集［*The Feminist Standpoint Theory Reader: Intellectual and Political Controversies* (London: Routledge, 2004)］。我想补充的是，这篇文章本身的诞生经过也为我描述的那种性别漠视提供了一个好例子。最初提出这个问题时，我甚至没有想到这套理论叙事，尽管我的论点明显受到了它的间接影响。在一位女性主义者朋友的启发下，我才关注到许多观点的真正来源。

23 Egon Bittner, *Aspects of Police Work* (Boston: Northeastern University Press, 1970); “The capacity to use force as the core of the police role.” In *Moral Issues in Police Work*, Elliston and Feldberg, eds. (Savage, MD: Rowman and Littlefield, 1985), pp. 15–26; P. A. Waddington, *Policing Citizens: Authority and Rights* (London: University College London Press, 1999); Mark Neocleous, *The Fabrication of Social Order: A Critical Theory of Police Power* (London: Pluto Press, 2000).

24 当然，这段话的目标对象主要是那些有一定阶级地位的人：我常说，身为“中产阶级”的真正定义是，当一个人在街上看到警察时，他会感到更安全，而不是更不安全。这就是为什么在例如尼日利亚、印度或巴西这样的国家，只有极少数人觉得自己是中产阶级，而大多数丹麦人或澳大利亚白人觉得自己是中产阶级。在欧洲或北美的大多数大城市，种族也是一个重磅因素，尽管那些长期直面来自警察的种族主义暴力的人，往往仍会坚持认为打击犯罪是警察的根本职责。

25 我很清楚这不是韦伯的原话。就连“铁笼”一词也是个明显的错译，原词的意思更贴近“闪亮的金属壳”——不是了无生趣的监狱，而是凭其本身就具备肤浅吸引力的高科技外包装。尽管如此，这就是 20 世纪大部分时间里人们对韦伯的理解，而且在某种程度上，流行的理解比作者实际要表达的意思更重要，也更具影响力。

26 相比之下，古埃及创造了无所不包的文学体裁，以警告年轻学生不要从事冒险职业。它们开篇通常会问读者是否曾梦想成为船长或皇家战车手，接下来便是描述这种表面光鲜的职业实际可能会有怎样悲惨的下场。不变的结论是：不要做！做个官僚吧。你会有优厚的待遇，还能对士兵和水手们发号施令，后者会当你像神一样。

27 在我看来，邦德系列电影中真正的可笑之处在于邦德是个糟糕的间谍。间谍应当谨慎而低调。詹姆斯·邦德偏偏不是这样。不过他身为糟糕的间谍却不必承担后果，只因他能毫不费力、异常完美地执行除间谍活动以外的任何任务。至于他与福尔摩斯的反转之处，你还可以无限叠加：福尔摩斯有家族史可溯；邦德就像个孤儿，总之没有家庭关系，更有甚者，他似乎一直在做爱，却从未有过后代。福尔摩斯与一个男搭档合作默契；邦德与一系列女搭档合作，而她们通常都会殒命。

28 完整的论证要花费更多功夫，而且不太适合放在这里进行，不过须注意，现在似乎成为好莱坞动作电影默认模板的“打破一切规则的痞子警察”类型片，在 20 世纪 70 年代之前根本不存在。事实上，在美国电影头 50 年的历史里，几乎没有任何从警察视角出发的电影。痞子警察电影出现在西部片消失之际，很大程度上是将西部片的情节移植到了城市官僚的设定之中。克林特·伊斯特伍德（Clint Eastwood）极好地定义了这种转变：从塞尔吉奥·莱昂内（Sergio Leone）的“无名客三部曲”（又称“镖客三部曲”，1964 年、1965 年、1966 年）到《肮脏的哈里》（1971 年）。正如其他人观察到的，西部片情节通常致力于设计一个情境，让一个基本正派的人有正当理由去做一些在其他情境下绝对不正当的事情。把这一点移植到城市官僚环境中会产生令人不安的影响：事实上，完全可以说杰克·鲍尔（美剧《24 小时》的主角）体现了这一类型片逻辑的巅峰。

29 Marc Cooper, “Dum Da Dum-Dum.” *Village Voice* April 16, 1991, pp. 28–33.

30 这般宿命似乎很像自由主义或右派自由至上主义的自由市场思想，该思想反对政府干预，但根据我命名的“自由主义铁律”，它无论如何总会令官僚体制越发壮大。但我不认为左翼思想总是且必然以同样的方式制造出官僚机构。事实上，叛乱时刻通常始于完全消灭现行的官僚架构。虽然这些结构往往会死灰复燃，但这种情况只有当革命者开始通过政府采取行动时才会出现。如果革命者设法维持住自治的飞地，就像萨帕塔主义者那样，这种情况便不会出现了。

31 我用“本体论”这个词时有些犹豫，因为它作为一个哲学术语，近来大量遭到滥用。严格意义上讲，本体论是关于现实之本质的理论，与认识论相反，认识论是关于我们能了解到什么现实的理论。在社会科学中，“本体论”已成了仅用于指代“哲学”、“意识形态”或“一套文化假设”的一种自命不凡的说法，往往会令哲学家忍无可忍。这里，我是在“政治本体论”这个特定意义上使用这个词的，这个意义固然是我编造的，但它指的是一套关于底层现实的假设。说“这会儿让我们现实一点”时，我们所指的现实是什么？我们假定在政治事件表面之下涌动着的，那隐匿的现实和潜在的动因，是什么？

32 即使有钱有权的人通常也会承认，对于大多数生活于其间的人来说，这是个悲惨世界，不过他们仍会坚称这在所难免，或尝试做任何改变都只会弄巧成拙——而不会说我们实际上生活在一个理想的社会秩序中。

33 很不幸，他最后没有这样做。他将书名定为《打垮资本主义》（*Crack Capitalism*, London: Pluto Press, 2010），一个次得多的名字。

34 此处的关键文本有：James Engell, *The Creative Imagination: Enlightenment to Romanticism* (Cambridge MA: Harvard University Press, 1981)，还有Thomas McFarland, *Originality and Imagination* (Baltimore: Johns Hopkins University Press, 1985)。

35 或许我该补充一下，女性主义理论这么快便被限制在自己的子领域内，几乎无法影响大多数男性理论家的工作，这本身就深刻反映出结构性暴力对想象的影响。

36 毫无疑问，这一切使人更容易视两者为完全不同类型的活动，导致我们很难认识到阐释性劳动——或我们通常观念里大多数女人的工作——其实也是劳动。在我看来，最好将其视作劳动的主要形式。如果在此可以做出明确区分，那么为人类付出的照护、精力和劳动才应被视作是根本的。我们最关心的事物，我们的爱、激情、竞争、痴迷之所在始终是他人，而在大多数非资本主义的社会中，人们理所当然地认为物质产品的制造从属于一个更大的形塑人的进程。事实上，我认为资本主义最异化人的一个地方是它迫使我们假装情况恰恰相反，社会的存在主要是为了增加其产出的物品。

37 参考拙著 *The Democracy Project* (New York: Spiegel & Grau, 2012)。讽刺的是，我自己原定的书名是“仿佛我们已然自由”（As If We Were Already Free），但最终，我却没有为自己的作品定名的自由。

38 *A Paradise Built in Hell: The Extraordinary Communities That Arise in Disaster* (New York, Penguin, 2010).

第二章

1 与此相似的是，奥威尔在 1949 年将他的未来主义反乌托邦作品《一九八四》设定在了仅仅 35 年之后。

2 事实上，可视电话首次问世是在 20 世纪 30 年代，由纳粹时期的德国邮局推出。

3 摘自詹明信的 *Postmodernism; or, The Cultural Logic of Late Capitalism* (Duke University Press, 1991), pp. 36–37。最初的论文发表于 1984 年。*

4 原版书由德语写成，出版于 1972 年，题为 *Der Spätkapitalismus*。首次译介的英文版为 *Late Capitalism* (London: Humanities Press, 1975)。

5 对这种立场的最经典陈述或许是 Howard McCurdy 所著的 *Space and the American Imagination* (Washington, D.C.: Smithsonian, 1997)，不过这种论调的其他版本还有：Stephen J. Pyne, "A Third Great Age of discovery," in Carl Sagan and Stephen J. Pyne, *The Scientific and Historical Rationales for Solar System Exploration*, SPI 88–1 (Washington, D.C.: Space policy institute, George Washington University, 1988)，或 Linda Billings, "Ideology, Advocacy, and Spaceflight: Evolution of a Cultural Narrative" in *The Societal Impact of Spaceflight*, Stephen J. Dick and Roger D. Launius, eds. (Washington, D.C.: NASA, 2009)。

6 Alvin Toffler, *Future Shock* (New York: Random House, 1970).

7 这个例子也有对应的苏联版：图波列夫图–144 客机。它实际上是第一架超声速客机，1968 年比协和式飞机早几个月首飞，但于 1983 年退出商用。

8 数据来源：www.foundersfund.com/uploads/ff_manifesto.pdf。

9 Alvin Toffler, *The Third Wave* (New York: Bantam Books, 1980).

10 托夫勒自己的政治立场要更模棱两可一点，但也差不太多。在《未来的冲击》获得成功之前，他主要以商业记者的身份为人所知，最出名的事迹可能就是代表《花花公子》(*Playboy*)杂志采访过安·兰德。像大多数保守派一样，他将妇女平等作为一个抽象原则大谈特谈，但每当提及实际的女性主义者或女性主义问题时都只有批判：一个典型的例子可参见他的 *Revolutionary Wealth: How It Will Be Created and How It Will Change Our Lives*, Alvin Toffler and Heidi Toffler (New York: Doubleday, 2006), pp. 132–133。这显然十分古怪，托夫勒和吉尔德都对母职遭到的威胁格外介怀，两人简直就像把政治观建立在舒拉米斯·费尔斯通（Shulamith Firestone）的思想对立面上，尽管费尔斯通本人要在很久之后才真正登上政治舞台。

---

* 译文引自：詹明信．晚期资本主义的文化逻辑（二版）[M]．陈清侨等，译．生活·读书·新知三联书店，2013：397—398。有改动。——译者注

11 尽管这些人物很古怪，但他们对右派的影响不容小觑，因为他们被右派奉为创造性愿景家。例如，吉尔德的供给侧经济理论作为里根经济学（Reaganomics）的主要灵感之一被广泛引用；《吉尔德科技月报》传阅范围之广，以至于市场观察者纷纷谈及“吉尔德效应”，即任何公司经他称赞之后，股价几乎无一例外地会立即上涨。

12 例如，温·麦考密克（Win McCormick）告诉我，他在 20 世纪 60 年代末参与了由芝加哥大学某位前校长创立的一个智库，智库的主要关切之一就是想方设法如何避免他们认定将在一代人左右的时间内发生的动荡，届时体力劳动已完全被机器取代。

13 我无暇详述未出版的《零工作》（*Zero Work*）一书中描述的一些 20 世纪 70 年代初实际发生的政治冲突，它们为后来“午夜笔记集体”（Midnight Notes Collective）的出现奠定了基础。它们清楚揭示了该时期的许多流水线工业中，小规模罢工的核心诉求确实是用机械化取代苦力，而对雇主来说，抛弃已有工会组织的“铁锈带”（Rust Belt）工厂成为规避这种诉求的有意识的策略（例如：Peter Linebaugh and Bruno Ramirez, “Crisis in the Auto Sector,” originally from *Zero Work*, published in *Midnight Notes*, 1992）。

14 美国有时很乐意维系自己并未参与产业规划的假象，但评论家早就指出确有其事。大部分直接规划，以及随后的研究与开发，都是借助军队落实的。

15 这个项目的名称就叫“能源”（Energia），苏联正是为此才开发超重型助推火箭的。而这种火箭至今仍是全球太空计划的主要支柱，尽管航天飞机已被停用。该项目的相关消息直到 1987 年，即苏联解体前几年，才真正传到美国。www.nytimes.com/1987/06/14/world/soviet-studies-satellitesto-convert-solar-energy-for-relay-to-earth.html.

16 这便引出了一个耐人寻味的问题：这个特殊的神话世界有多少是（至少部分是）斯拉夫舶来品？还得做大量研究才有可能解决这个问题。

17 杰夫·沙莱特（Jeff Sharlet）告诉我，这类虚构联想的程度可能远超我们所料。20 世纪五六十年代，许多有头有脸的美国人，包括相当数量的国会议员在内，似乎都强烈怀疑苏联实际上真的在接触外星人，还怀疑 UFO（不明飞行物）要么是苏联的盟友，要么就是借助外星技术建造的苏联飞船［比如，可参见沙莱特写的 *Sweet Heaven When I Die: Faith, Faithlessness, and the Country In Between* (New York: Norton, 2012), pp. 146–148］。

18 试举一例。在朱迪斯·巴拉德（Judith Barad）所著的《〈星际迷航〉伦理学》（*The Ethics of Star Trek*, New York: Perennial, 2000）里，整整 368 页一次也未提及民主或集体政治决策问题。

19 其他在剧中不可能听到的句子还有这种：“你听说了吗？瓦肯-贝久传统派同盟的人威胁说，如果他们的候选人今年当不上教育部长，他们就不会再支持执政联盟，并强制重新选举。”还请留意，在缺乏意识形态差异（一种有可能跨越族群边界的差异）的情况下，星际联邦内部唯一真正可以想见的政治分歧就是种族间的分歧：安多利人（Andorians）想这样，贝塔索人（Betazoids）想那样。这同样很像苏联和类似政权治下的情况，它们集中的再分配制度和对意识形态一致性的坚持相结合，使族群差异成了唯一可以公开做政治表达的差异，而这最终造成了灾难性的政治影响。

20 尽管所有的族群似乎都在星际联邦中有自己的代表，我总是注意到一个奇怪的例外：犹太人。更让人讶异的是，初版剧集中柯克和史波克的扮演者都是犹太演员，著名的瓦肯举手礼实际上是一种正统犹太教的祝福方式。但我们从来没在剧中见过什么戈德堡舰长或鲁宾斯坦上尉；据我所知，没有一个犹太角色出场过。

21 此处事件的顺序多少有些假设成分，就像我说的，尚无相关的信史。我的言下之意绝对不是说这场辩论因迈克尔·摩尔而起，更多是说他的评论可供管窥当时热议的话题。弗瑞吉人早在 1987 年便首次出现，博格人甚至更早，但他们获得更突出的地位是在后来成为抗衡星际联邦的反派之后。只要在谷歌上搜索（《星际迷航》的编剧）“吉恩·罗登贝瑞”（Gene Roddenberry）和“共产主义者”，就能了解到这个问题在保守派圈子里激起了怎样的怒火。

22 这个词最初源自“法兰克人”（Franks），在阿拉伯语中泛指十字军战士。因此，弗瑞吉人有着奇特的中世纪渊源：他们的名字是怀着敌意的穆斯林用来称呼基督徒的，后者被认为野蛮且不虔诚、贪婪到丧尽人类尊严；而他们的体貌和举止则反映了同一群基督徒对犹太人满怀敌意的形象，理由与上述的完全相同。

23 因此，近期的一项对 21 世纪工作的研究可以这样开头：“20 世纪末的两个广泛的发展重塑了工作。一是苏联的解体和市场资本主义在全世界的胜利。二是以计算机为基础的生产技术和指挥与控制管理系统的广泛使用。”［Rick Baldoz, Charles Koeber, Philip Kraft, *The Critical Study of Work: Labor, Technology, and Global Production* (Philadelphia: Temple University Press, 2001), p. 3.］

24 其设计者米哈伊尔·卡拉什尼科夫（Mikhail Kalashnikov）死于 2013 年。他曾在一场新闻发布会上指出，在伊拉克的美国士兵常常一有机会就弃用自己的武器，转而使用缴获的 AK-47。

25 当然，仅计算大学职工的数量本身就具有迷惑性，因为它忽略了基金会和其他资助机构迅速增长的管理人员数量。

26 同理，伦敦大学学院的物理学家唐·布拉本（Don Braben）登上英国新闻头条的发言称，爱因斯坦如果今天还活着，将永远无法获得资助。还有人认为，他的大部分主要作品甚至通不过同行评审。

27 Jonathan L. Katz, “Don’t Become a Scientist!” (wuphys.wustl.edu/~katz/scientist.html).

28 更糟的是，正如一些业内朋友指出的，资助方往往非要让科学家本人来写申请书、进展报告等，而不能由下属代劳。这就导致即使是最成功的科学家，也要花大约 40% 的时间做文书工作。

29 诚然，某些硅谷式的资本家公司（自诩最前沿的那些公司）会采用某种版本的贝尔实验室蓝天研究法，还要确保他们的做法尽人皆知。但调查显示，这些努力到头来主要是公关噱头。在硅谷式公司中，创新在很大程度上被外包给了初创企业。目前，最有前途的研究通常既不在企业也不在政府直接资助的环境中进行，而是在非营利部门（包括大多数的大学）中进行，但就连在这些地方，企业化伴生的制度性文化也会确保越来越多的时间被花在筹措款项上。

30 David Harvie, “Commons and Communities in the University: Some Notes and Some Examples,” *The Commoner* no. 8, Autumn/Winter 2004. (www.commoner.org.uk/08harvie.pdf)

31 我们无从得知是否真的存在这种情况，比方说替代燃料配方被石油公司买走并锁入保险柜，但普遍的猜测是肯定的。我认识的一位俄罗斯记者告诉我，她的朋友发明了一种互联网基站的设计。他发明的互联网基站设计，可以为整个国家提供免费的无线网络。该专利很快就被一家大型互联网供应商开价几百万买走并把消息压了下去。这些故事都无法百分百被证实，但它们的存在本身，及其在人们心目中超高的可信度，就足以说明问题。

32 Neal Stephenson, “Innovation Starvation,” *World Policy Journal*, Fall 2011, pp. 11–16.

33 我时常感到，蒸汽朋克真正代表的正是对这种状态的怀念。我曾经参加过一个博物馆的相关专题研讨会，令我奇怪的是，所有评论员都在谈论“蒸汽”元素，却没人谈论“朋克”。20 世纪 70 年代的朋克摇滚表达的是看不到任何救赎性的未来；事实上，“没有未来”是其最著名的口号之一。而在我看来，对维多利亚时代科幻未来的品味，更多是在怀念第一次世界大战大屠杀之前的最后时刻，那时，人人都坚信一个救赎性的未来是可能的。

34 Giovanni Arrighi, *The Long Twentieth Century: Money, Power, and the Origins of Our Times* (London: Verso, 1994).

35 尽管原因更可能在于他自由至上共产主义的政治倾向，而不是他对神秘学的虔信。他妻子的姐妹原本似乎是魔法协会的头目，最终却为了 L. 罗恩・哈伯德（L. Ron Hubbard）弃他而去；离开 NASA 后，帕森斯继续运用他的魔法为好莱坞制造烟火特效，最终于 1952 年把自己炸上了天。

36 Lewis Mumford, *The Myth of the Machine: Technics and Human Development* (New York: Harcourt Brace Jovanovich, 1966).

37 我留意到，曾经赞同本文的大部分初始论点的彼得・蒂尔（Peter Thiel），最近以一个反市场、支持垄断的资本家身份站了出来，正是因为这在他看来是推动技术快速变革的最佳方式。

38 就我能记起来的而言，至少从我 20 多岁起，差不多每年都会有至少一个人告诉我，一种能阻止衰老进程的药物大概在 3 年后就会面世了。

第三章

1 "Bureaucracy" in *From Max Weber: Essays in Sociology*, H. H. Gerth & C. Wright Mills, eds. (New York: Oxford University Press, 1946), pp. 233–234.*

2 正如他当时对一名美国访客所说的那样："我的想法是收买工人阶级，或者应该说，争取他们，将国家当作一个为他们而存在并在意他们福祉的社会机构。"［转引自 William Thomas Stead, *On the Eve: A Handbook for the General Election* (London: Review of Reviews Publishing, 1892), p. 62。］牢记这句话很有用，因为我发现，大体上这样的观点——福利国家的建立主要是为了贿赂工人阶级，担心他们成为革命者——往往会遭到怀疑，并被要求给出证据，证明这是统治阶级自觉的意图。而在这里，我们看到这种尝试的开创者对它的明确描述就是如此。

3 Herodotus, *Histories*, 8.98.

4 有意思的是，在《想象的共同体》(*Imagined Communities*)中，本尼迪克特·安德森(Benedict Anderson)对这一现象几乎只字未提，仅关注了报纸。

5 现在仍然如此：在美国，三分之一的政府雇员在军队，四分之一在邮政部门，远多于任何其他部门。

6 很不幸，这篇文章今已佚失。［参考 *The Mark Twain Encyclopedia*, J. R. LeMaster, James Darrell Wilson, and Christie Graves Hamric, eds. (New York: Routledge, 1993), p. 71; Everett Emerson, *Mark Twain, a Literary Life* (Philadelphia: University of Pennsylvania Press, 2000), p. 188。］

7 Lenin, *State and Revolution* [London: Penguin, 1992 (1917)], p. 52. †

8 Peter Kropotkin, "Anarchist Communism," in *Anarchism: A Collection of Revolutionary Writings* (New York: Dover, 1974), p. 68.

9 Gordon Wood, *Empire of Liberty: A History of the Early Republic, 1789—1815 (Oxford History of the United States)* (Oxford: Oxford University Press, 2011), pp. 478–479.

10 事实上，在纽约市长大的我，总是为这样的反差震惊和着迷：一边是建于 19 世纪与 20 世纪之交的宏伟公共设施，在当时的观念里，这种宏伟反映了合众国的强大和实力；另一边是 20 世纪 70 年代以来该市为其市民创造的任何事物，它们带有明显有意为之的俗气。至少对我来说，前一个时代最大的两个典范，一是纽约不朽的中央邮局大楼，有着长长的大理石台阶和科林斯柱；二是纽约公

---

* 译文引自：马克斯·韦伯．马克斯·韦伯社会学文集［M］．阎克文，译．北京：人民出版社，2010：220—221。——译者注

† 译文引自：列宁．国家与革命［M］．中共中央马克思恩格斯列宁斯大林著作编译局，编译．北京：人民出版社，2015：51。——译者注

共图书馆主馆（顺便一提，它直到20世纪80年代还保有自己的气动传输管系统，用来向书库发送借书申请）。记得有一回，我作为游客参观了瑞典国王的夏宫。那是我第一次走进真正的宫殿。我的第一反应是：这不就是纽约公共图书馆吗！

11 Brooklyn: Soft Skull Press, 2005.

12 《好莱坞洗牌》（*The Hollywood Shuffle*）这部好电影完美地传达了这一点。片中主角是一个倒霉的年轻非裔美国人，为了能在电影中出镜，他甘愿忍受任何羞耻的种族主义刻板印象——就像他的祖母时不时就温柔提醒他的那样："去邮局总能找到工作的。"

13 这种定式实际上延伸到了各种各样的电影中：例如，即使特立独行的主角是科学家，他在某个官僚组织中的上级也几乎总是有色人种。主角偶尔可能是有色人种，但通常是白人；主角的老板几乎从不是白人，至少当老板是个多管闲事的老古板而非同谋的时候。

14 无须多言，我在前一篇文章中对互联网命运的评论已表达得很明确，这种诗性技术有一种不幸的倾向，就是会转变为官僚技术。

15 弗洛伊德十分吸引人的一点就是试图调和这两个概念：理性（自我）不再代表道德，有别于将理性等同道德的中世纪观念，而更像是被激情（本我）和道德（超我）朝相反的两个方向来回拉扯。

16 有人可能会辩称，这在军事官僚机构中发展得最突出；在那里，无论行政领导人丢给军官们什么政治观点，军官们都会以同等的奉献精神和效率为之服务，并以此为荣。但这不过是官僚制思维定式的延伸。比方说，由贵族军官团掌管的军队，行为方式就与此大不相同。

17 现在，越来越多的文献关注起了更极端形式的政治伊斯兰主义（Political Islam）的社会基础，例如揭示出它对工程学和科学专业学生格外具有吸引力。

18 所以史波克先生是个虚构人物是有原因的。但当然，史波克按理说不应该真的毫无感情，他只是假装如此，所以在某种程度上，他完美代表了理性的理想态。

19 完全有可能基于妄想的前提提出一个逻辑连贯的论证，或者对一个问题做出现实的评估，然后运用完全错误的逻辑去解决它。这两件事人们都没少做。

20 这里指的是毕达哥拉斯运动，而非创始人毕达哥拉斯，因为毕达哥拉斯本人在创造以其名字命名的学说方面发挥的作用目前存在一些争议。瓦尔特·伯克特（Walter Burkert）认为，他实际上只对轮回学说负责，并不对数学宇宙学负责，后者被不同程度地归功于后来的毕达哥拉斯主义者，如希帕索斯（Hippasus）、菲洛劳斯（Philolaus）和阿契塔（Archytas），甚至是在柏拉图的追溯之下被编造出来并被归功于毕达哥拉斯学派的（不过我觉得最后这一点不太可能）。

21 有一个故事说，这一学说的政治意义实在太大，以至于后来有个毕达哥拉斯主义者希帕索斯发现了无理数，被同伴扔进海里淹死了。实际上，在古代的传说中，希帕索斯是意外溺亡的，而这是神的惩罚，因为他揭示这种事情实属不敬。我自己觉得更有趣的是，有些资料显示，希帕索斯认为神是一个无理数：换句话说，神代表了一个超越宇宙内在理性的原则。如果这是实情，则大大背离了古代“宇宙宗教”发展出的逻辑，因此招致同伴的反感也就不足为奇了。想想它与下文详述的关于主权的思考之间有何关联是很有趣的。

22 据我所知，汉斯·约阿斯［*The Gnostic Religion* (Boston: Beacon Press, 1958)］是使用“宇宙宗教”一词来描述诺斯替主义（Gnosticism）的第一人。这种思想拒斥一个理想宇宙秩序的概念，并认为人类灵魂从根本上与创造格格不入，是对后者的明确否定。基督教奥古斯丁派（Augustinian Christianity）实际上包含了两方元素，结合了摩尼教的二元论与根本上属于异教主张的心灵–神性一体。

23 它起源于斯多葛学派，但在古代并不像在欧洲中世纪那样普遍。

24 如果说它们确实参与了，那也是在玩耍中实现的。

25 Edmund Leach, *Social Anthropology* (Oxford, Oxford University Press, 1982), p. 121.

26 从逻辑的角度看，认为人类与动物的区别在于想象力是更合理的，但从中世纪的角度看，这是很难接受的，因为在当时受占星术和新柏拉图主义影响的通俗神学中，想象力对应着一种较低的等级——它是神圣智能和物质世界间的中介，一如星界（astral plane）介于天堂和地球之间；事实上，当时很多人推测我们的想象官能是由星界物质构成的。

27 引自 Francis Yates, *Giordano Bruno and the Hermetic Tradition* (London: Routledge and Kegan Paul, 1964), p. 144；源自 Robert Fludd, *Meteorologica cosmtca* (Frankfort, 1626), p. 8。

28 英译文引自 Francis Yates, *op cit*, p. 119。

29 当然，还有一直扎根罗马的教会等级制度，它确实维持着当时欧洲最精细复杂和地理上覆盖最广的行政体系。

30 关于官僚制原型，参见 Hans Nissen et al., *Archaic Bookkeeping: Early Writing and Techniques of Economic Administration in the Ancient Near East* (Chicago/London: University of Chicago Press, 1993)；另见 David Wengrow, *What Makes a Civilization?* (Oxford: Oxford University Press, 2012), pp. 81–87。

31 在别的人类学记录中，人们可能会想到毛利人或北美西北海岸的第一民族［通常被称为“夸富宴社会”（potlatch society），其中有贵族和平民之分，没有集中的政府或行政系统］，或者，就这一点而言，还有其他更平等的英雄社会，例如巴布亚新几内亚的雅特穆尔人（Iatmul）部落，其中所有成年男性都不断地参与这类虚荣行为。

32 此处我参考的核心文本是大卫·温格罗的“‘Archival’ and ‘Sacrificial’ Economies in Bronze Age Eurasia: An Interactionist Approach to the Hoarding of Metals,” in *Interweaving Worlds: Systemic Interactions in Eurasia, 7th to the 1st Millennia BC*, T.

C. Wilkinson, S. Sherratt, and J. Bennet, eds. (Oxford: Oxbow, 2011), pp. 135–144。我自己对英雄社会的讨论参见 “Culture as Creative Refusal,” *Cambridge Anthropology* vol. 31 no. 2 (2013), pp. 1–19。

33 当然，我在早前的一本书中做过这样的论述，参见 *Lost People: Magic and the Legacy of Slavery in Madagascar* (Bloomington: Indiana University Press, 2007), pp. 129–131。

34 例如匈人阿提拉（Attila the Hun）就作为一个角色出现在《尼伯龙根之歌》（*Nibelungenlied*）和《沃尔松格萨迦》（*Volsunga saga*）之中。

35 很明显，“奇幻”可以指涉非常大范围内的文学作品，从《爱丽丝漫游奇境记》和《绿野仙踪》到《克苏鲁的呼唤》，还有许多评论家把科幻小说也当作奇幻的一个子类型。不过，中洲风格的英雄奇幻文学始终是“无标记项”。

36 我在其他文章中称之为“脏镜子现象”。参见 David Graeber, “There Never Was a West: Democracy Emerges from the Spaces in Between,” in *Possibilities: Notes on Hierarchy, Rebellion, and Desire* (Oakland: AK Press, 2007), p. 343。

37 这里的关键区别无疑在于，中世纪的狂欢节事实上主要是自下而上组织的，与罗马圆形剧场不同。

38 他在“二战”期间写给儿子的一封信中说：“我的政治观点越来越倾向于无政府（从哲学角度理解，意味着废除控制，而不是拿炸弹的大胡子男人）——或者‘非立宪的’君主制。我要逮捕任何使用‘国家’这个词的人（在英格兰及其居民的无生命国度之外的任何意义上，一个既无权力，亦无权利，也无思想的东西）；在给过他们悔改机会之后，处决他们……”信中补充说，他觉得指挥关系只适用于面对面的小团体，而世上一大快事是“心怀不满的人越来越习惯于炸毁工厂和发电站”。[Letter to Christopher Tolkien, November 29, 1943; in *The Letters of J.R.R. Tolkien*, Humphrey Carpenter, ed. (London: Allen & Unwin, 1981), #52.] 其他人指出，坚持认为只有个人权威才是合法的，这反映了其对各式的官僚制（法西斯主义、共产主义或福利国家）的终生仇恨：John Garth, *Tolkien and the Great War: The Threshold of Middle-earth* (London: HarperCollins, 2011), p. 94， 以及 Mark Home, J.R.R. Tolkien (Nashville, TN: Thomas Nelson, 2011), pp. 124–127。据后者观察，“在国王与‘无政府’之间的摇摆对于一个修习北欧部落史的学生来说并不奇怪”（同上，第 125 页），不过更确切而言，这是我所说的英雄社会的典型。

39 道格拉斯·亚当斯（Douglas Adams）的书迷应该记得，20 世纪中期另一部伟大的官僚制讽刺小说《银河系搭车客指南》（*The Hitchhiker's Guide to the Galaxy*）一开头就是这样一个场景，而它招致了地球的毁灭。

40 贵族武士首领与邪恶魔法师的戏码基本上是个英国殖民暗喻；非洲的殖民官员几乎无一例外地试图找到他们钦佩的武士精英，如果找不到，就会认为这些人已经被这样那样的“巫医”诡计所取代，而“巫医”在他们眼里影响很坏。《所罗门王的宝藏》(*King Solomon's Mines*)是这个迷思的终极虚构表达。

41 赫伊津哈实际上假定玩和游戏是一码事。Johan Huizinga. *Homo Ludens: The Play Element in Culture* (Boston: Beacon Press, 1955).

42 如果一个人在玩游戏，那么“玩”因素是其中不可预测的因素，也就是说，这个人不是简单地照搬规则，而是运用技巧，或者掷骰子，或者以其他方式拥抱不确定性。

43 仅举一例典型：J. Lowell Lewis, “Toward a Unified Theory of Cultural Performance” in *Victor Turner and Contemporary Cultural Performance*, Graham St. John, ed. (London: Berghahn, 2008), p. 47。但这一观点在文献中被反复提及。我想补充的是，根据这一分析，《龙与地下城》和类似的角色扮演游戏之所以让人乐此不疲，是因为它们完美结合了玩和游戏的原则。

44 “Alternative Futures,” *Times of India*, February 10, 2007, in timesofindia.indiatimes.com/edit-page/Alternative-Futures/articleshow/1586903.cms.

45 Carl Schmitt, *Political Theology: Four Chapters on the Concept of Sovereignty* [Chicago: University of Chicago Press, 2004 (1922)]. 施密特的论点被纳粹用来为集中营提供法律依据。

46 “在印度宇宙学中，玩是一个自上而下的概念。玩的段落和它们的前提蕴含在高度的抽象性和概括性中。玩的特质共鸣和回响在整体之中。但更重要的是，玩的特质对于宇宙运行而言不可或缺。” D. Handelman, 1992. “Passages to play: Paradox and process” *Play and Culture* vol 5 no. 1, p. 12. Cited in Brian Sutton-Smith, *The Ambiguity of Play* (Cambridge: Harvard University Press, 2001), p. 55.

47 Sutton-Smith op. cit., pp. 55–60. 相较之下，自下而上的玩——玩作为一个内在颠覆性的概念—— 一直就存在，但只有在浪漫主义时期才真正成为我们思考这类问题的主要方式。

48 或者更准确地说，其代表是唯一被允许在特定情况下采取暴力行动的人，前提是他们既在场又在岗。

49 2002 年，在反对世界银行的抗议活动中，华盛顿特区的警察决定包围一个公共公园，并逮捕里面的所有人。我清楚地记得当时我向指挥人员喊话，问逮捕我们的理由。他回答说：“回头我们会想出些理由的。”

50 警察被判有罪的情况可能会发生，但通常得涉及用武器插入肛门。至少，最容易跃入脑海的两个案例是：1997 年，警官贾斯汀·沃尔普(Justin Volpe)在纽约某分局的浴室里用扫帚柄鸡奸了一个他误以为早先在街头搏斗中打过他一拳的男子；以及佐治亚州警官丹尼斯·克劳斯(Dennis Krauss)多次在接听家庭暴力报警电话时勒索来电妇女，要求其提供性服务，并于 1999 年试图用枪奸污其中一人。两人均被判入狱。但通常情况下，警察必须得实施像那样骇人听闻的攻击行为，才可能真的被送进监狱。例如，在“全球正义运动”和“占领华尔街”期间，警察系统地打断非暴力抗议者的手腕和手指的案例屡见不鲜——通常他们会提前宣布准备这样做——但没有任何警察受到指控，更别提被判定为袭击罪了。

51 请注意这与前面描述的理性主义观点之间的复杂关系，在那种观点里，创造力被视作恶魔，是因为它与神圣的或宇宙的理性原则相对立。在这里，创造力被视作恶魔，是因为它**参与了**神圣的或宇宙的玩的原则！

52 一些当代政治理论家或多或少地愿意直接指明这一点。这里我尤其想到了被称为公民共和主义（Civic Republicanism）的思想流派，正如昆廷·斯金纳（Quentin Skinner）等思想史家和菲利普·佩蒂特（Philip Pettit）等哲学家所概述的那样，他们认为经典自由主义传统中的“自由”讲的并不是能够在不受权力干预，甚至不受暴力威胁的情况下行事——因为法律制度的确会对那些违反规则的人进行暴力威胁——而是在没有**任意**（**专断**）权力干预的情况下行事。这里不宜展开详细分析，但整个表述因此呈现出一种零和的自由观。“任意”毕竟只是意味着“不确定”。在一个任意（专断）的权威体制中，决策反映的是专制统治者的“意志和乐趣”。但从专制统治者的角度来看，“任意性”就是自由。所以如果统治者不自由，人民就是自由的。有权力的人必须遵守规则。但是，鉴于所有公民都有一定程度的权力，所以每一个他人也是一样。最终，由于自由意味着保护自己不受他人任意的（不受规则约束的）权力干预，又由于权力无处不在，这种逻辑为人类将生活的所有方面都化约为一套套透明的规则提供了一个宪章。[关键文本参考：Philip Pettit, *Republicanism: A Theory of Freedom and Government* (Oxford: Clarendon Press, 1997); Quentin Skinner, “Freedom as the Absence of Arbitrary Power,” in *Republicanism and Political Theory*, Cécile Laborde and John Maynor, eds. (Malden, MA: Blackwell Publishing, 2008)。]

53 Marilyn Strathern, *Audit Cultures: Anthropological Studies in Accountability, Ethics and the Academy* (London: Routledge, 2000).

54 它们不仅在变化，而且变化速度往往相当恒定，不受历史境遇的影响。事实上，有一整门科学——语言年代学（glottochronology）——就是以此为前提的。

55 Jo Freeman, “The Tyranny of Structurelessness.” 最初正式发表于 *The Second Wave* (vol. 2, no 1)。再版于 *Quiet Rumours: An Anarcha-Feminist Reader*, Dark Star Collective (Edinburgh: AK Press, 2002), pp. 54–61。

附录

1 顺便提一下，我在这里分析的是主流漫画，尤其是头几十年的那些。这篇文章在首次发表后，经常收到的批评是没有考虑这类文学中最复杂的例子：弗兰克·奈特*的《蝙蝠侠》、《守望者》系列、《V字仇杀队》，以及其他政治性更明确的漫画情节。而且，随着时间的推移，就连主流漫画的政治性也愈加明显。(比如莱克斯·卢瑟当选总统了！)不过，谁要想了解一种流行类型的本质，就不会去研究它最复杂、最高雅的变体。要想了解一种流行类型的本质，就去看那些蹩脚货。

2 除非你想算上明显看多了蝙蝠侠电影的某个个人案例。

---

* 疑似有误，应为弗兰克·米勒。——译者注